一个外国人眼中的北京创新

北京ING

创造·北京

Sudeshna Sarkar　秦　浩/著
李　南　吕岩　彭明珠/译

外文出版社
FOREIGN LANGUAGES PRESS

国国际技术转
International Technology

空间有形
梦想无限

目 录

创造·北京

北京ING

第一章 Chapter 1

北京：一个带着创新基因的城市

创新是城市发展的新动力，使城市现在和未来都可容纳更多的创业机会。

——创业邦

2012年以来，以“大众创业、万众创新”为指引的创业大军，形成了改革开放甚至是1949年以来中国最大的一次创业浪潮。2014年，中国新创公司数量更是达到新高。

作为中国首都的北京在这波创业大潮中，更是当仁不让地向全世界展现了这个生机勃勃的城市旺盛的生命力和创造力。在腾讯研究院、创业邦、36氪等各种研究平台发布的“最宜创业城市排行榜”榜单中，北京都毫无疑问地排在首位。

北京不断在华夏文明的心脏位置塑造着新的景观，这一次北京引领的创业浪潮使这座城市再次焕发活力。

北京历史悠久，却生机勃勃；北京古朴大气，却蕴藏了先天创新基因；北京，一张壮阔的蓝图正缓缓铺开。

▸ 天坛
▾ 人民大会堂

千年古都的创新文脉

北京是一座有三千余年建城史、八百六十余年建都史的历史文化名城，历史上有多个朝代在此定都，北京荟萃了悠久的中华历史文化，展现了强大的创新动力并拥有众多历史名胜古迹和人文景观。

时光回溯到公元 1267 年。这一年，元世祖忽必烈定都大都，开启了北京作为大一统王朝古都的历史。元朝的壮丽辉煌已经随着《马可·波罗游记》在西方的流传，吸引了无数欧洲人对神秘而富饶东方的向往。虽然元朝只是中国历史的长河中的一个朝代，但期间人才辈出，著名的科学家郭守敬便是其中之一。

元朝建都之初，百废待兴，在历法上只能沿用金朝的《重修大明历》，该历法于公元 1180 年修正颁行。数十年后，误差积累已相当严重，重新修订历法已是迫在眉睫。

郭守敬天资聪慧，从小便展露出自然科学的天赋。他的一生，在数学、天文历法和水利工程等方面取得了丰硕的成果。他从元十三年（1276 年）起就开始在大都奉命修订新历法，历时四年，制订出了通行三百六十多年的《授时历》。《授时历》是当时世界上最先进的一种历法，也是中国古代最卓越的一部历法，其精度与 1582 年的意大利医生阿洛伊修斯·里利乌斯制定的《格里高利历》相当，但比后者早了三百多年。《授时历》在中国沿用了数百年，朝鲜、越南等国家也都曾采用。为修订历法，郭守敬还改制、发明了简仪、高表等 12 种世界上从未出现过的天文仪器。

◂ 八达岭长城

▾ 嘉峪关

与郭守敬相似，明朝翰林院的官员徐光启也是开创新风气的探索者。徐光启与传教

士利玛窦合作翻译了《几何原本》，将西方几何学带入中国。他勤奋钻研，笔耕不辍，完成了传世农学著作《农政全书》，系统总结了中国劳动人民积累了数千年的耕作经验。徐光启的研究成果，充分吸收了西方的先进成果，在世界历史上也占有一席之地。

在北京这片沃土上，郭守敬、徐光启创新和归纳的是华夏民族的科学技术。不过在西方进行工业革命之后，由于上层统治者创新意识淡漠，中华民族在器物层面的创新上已远远落后西方。1840 年以后，面对西方强大的国力和先进的科学技术，国人也一直在进行着改革的尝试，力求“开眼看世界”，

▲ 郭守敬

▼ 北京古建筑

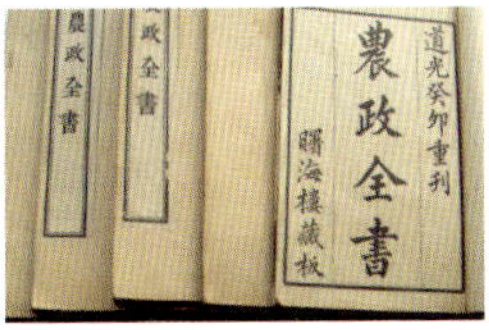

▲《几何原本》《农政全书》
▼ 北京古建筑

迎头赶上世界大潮。

中国的近代史在某种程度上是一部中国向西方先进国家学习的历史。在西学东渐、洋务运动等思潮中，一批有着开阔视野和先进思维的科学家，不断积极探索和学习西方的先进科技，尝试着洋为中用，而中国铁路之父詹天佑就是其中的代表。

詹天佑生于 1861 年 4 月 26 日，12 岁留学美国，是中国首批留美学子。他于 1878 年考入耶鲁大学土木工程系，主修铁路工程。他是中国近代铁路工程专家，被誉为中国首位铁路总工程师，有着“中国铁路之父”的美誉。詹天佑在中国主持修建的第一

条铁路是京张铁路，连接北京丰台区至河北张家口，途经八达岭、居庸关、沙城、宣化等地，全长约200公里。1905年9月京张铁路开工修建，并于1909年建成，历时不到四年。

在铁路建设之初，有一家外国报纸轻蔑地说："能在南口以北修筑铁路的中国工程师还没有出世呢。"原来，从南口往北过居庸关到八达岭，一路都是高山深涧、悬崖峭壁。他们认为，这样艰巨的工程，外国著名的工程师也不敢轻易尝试，中国人是无论如何完成不了的。但詹天佑不怕困难也不怕嘲笑，毅然接受了任务，马上开始勘测线路。哪里要开山，哪里要架桥，哪里要把陡坡铲平，哪里要把弯度改小，都亲自勘测，进行周密计算。

詹天佑经常勉励工作人员说："我们的工作首先要精密，不能有一点儿马虎，'大概''差不多'这类说法不应该出自工程人员之口。"在他的主持下，京张铁路成为中国首条不使用外国资金及人员，完全由中国人自行设计、投入营运的铁路。从北京到张家口，铁路长二百多公里，成为当时中国主要的交通要道。

今天，我们鸟瞰北京城，依然可以看到那些自然与人文交相辉映的历史遗存：有不用一颗钉子建起的故宫太和殿；有以螭龙首为代表的紫禁城排水系统；有利用声波折射

▲ 京张铁路纪念碑
◀ 北京奥运建筑
◀ 前门
▶ 詹天佑

原理构建的天坛回音壁；还有华北最长的古代石桥卢沟桥。

这些古代的文物古迹，是中国人运用智慧创造美好生活的见证。一代代北京的开拓者和建设者们将创新精神传承光大，继续创造着世人瞩目的科技成就，积累了熠熠生辉的文化成果。

2008年，一场科技与文化融为一体的奥运盛会，让更多人了解了这个传统与现代交相辉映的城市。2011年，在承续千年文化的基础上北京市提出了“爱国、创新、包容、厚德”为内容的北京精神，走在北京的大街小巷，随处可见北京精神的宣传标语，而其中“创新”无疑是北京精神的精髓，从引领

▸ 故宫太和殿内景
▴ 北京故宫
▾ 现代北京铁路

“大众创业”风气的北京中关村，到承载着创业者梦想的五道口，从北京的中央商务区国贸，到高新产业的聚集地望京，我们都能感受到北京积极进取、奋发图强的精神状态。

2017年，北京市领导再次强调，要深入学习贯彻习近平总书记视察北京重要讲话精神，打造北京创新驱动发展前沿阵地，建设具有全球影响力的科技创新中心。

回顾过去，北京发展的历史，在某种意义上就是一部创新的历史；遥望未来，北京作为中国吸收外来先进文化的“领头羊”，也必将继续引领创新的潮流。

莘莘学子，时不我待

从古代到近代，创新、创造的灵感推动着北京的不断发展，而当代的北京城，创业开始引领潮流。创新、创造、创业精神下的北京城展现在我们面前的是一派欣欣向荣的景象：经济快速发展、人民安居乐业、社会长治久安。

北京的繁荣不是无源之水，不是无根之木。归根结底，北京如今的繁荣离不开积极思考的创新精神和勇于奋斗的创业精神。无论是国家领导人还是基层民众，人们形成了一种社会共识：积极创新是促进中国的经济结构转型发展的动力；勇于创业是一种突破自我的挑战。

人们常说，大学是教授知识的地方，而社会才是实践知识的地方。在北京，许多大学里的学生受到国家“大众创新、万众创业”精神的感召，面对瞬息万变的社会，不

畏市场经济残酷的竞争，也跃跃欲试，想要在社会这个大学校里有所作为。这股风潮已经成为大学象牙塔中学生和老师热议的话题：时不我待，快马加鞭，是时代的感召，更是广大学子内心的声音。

北京大学作为中国最著名的高等学府之一，它的精神气质与这座城市的历史深深契合。

1917年初，《新青年》编辑部迁至北京，鲁迅、李大钊等先后参加《新青年》编辑部工作和撰稿，不断发出反对“纲常”“名教”等号召。当时的北京大学校长蔡元培以“思想自由、兼容并包”为办学方针，聘请新文化运动的倡导者们到北京大学，形成了新文化运动的核心阵地。也许是这份创新的基因，在此之后，北京大学始终走在创新的最前线。凭借优质的学生素质教育、完整的创新创业理念，北京大学在国内高校开了创业培训的先例。

▲ 北京大学
◀ 大学生创业插画
▶ 中关村标志建筑

有人会担心，在创业的风潮下，学校中踏实的学习风气会受到影响。但是同学们并不这样想，他们认为在学校中学习的知识，

不应该仅仅停留在书本层面，他们有着非常强烈的意愿将自己所学转化为对社会的贡献，而创业就是其中一种较好的方式。

中国改革开放的总设计师邓小平曾说过，“科学技术是第一生产力”，在创业的学生眼中，他们的使命之一就是将知识更快更好转化为生产力。

▲ 北大创业训练营
▸ 中关村
▾ 启迪之星

为了保护学生创业积极性，对于创业与毕业的两难问题，国务院的政策有了很好的回答：创业的学生不会因为创业被学校要求退学，而且还能放宽学业年限、保留学籍。休学创业，降低在校创业的机会成本，使学业不再成为创业的负担。通过制度创新，创业的学生解除了后顾之忧。

北京作为中国高度重视创新和创业的城市，将学生创业相关政策细化并实施，北京大学更是在第一时间推出了《深化创新创业教育改革实施方案》，高度重视学生创业与毕业的问题。

从地图行业巨头——高德地图创始人侯军到百度创始人李彦宏，从伏牛堂米粉店主

社会主义
核心价值观
富强 民主 文明 和谐
自由 平等 公正 法治
爱国 敬业 诚信 友善

张天一到当当网的李国庆和俞渝，在创业者榜单上，总是不乏北京大学校友的身影。如果说思想理论争鸣是北大闻名中外的原因之一，那么务实的创业精神则是北大另一道美丽的风景线。正是许多校友的成功典范使得后来人觉得创业不是一件遥不可及的事。北京高校众多，北京大学只是火热创业潮的冰山一角，也是整个社会积极奋斗、力求创新的缩影。

在众多创业故事中，高德地图的创始人侯军最为传奇，因为谁都无法将这个中国地图市场占有率第二的商业大佬与子曰诗云的古典文献专业相联系。

侯军是北京大学 1983 级中文系古典文献专业的学生，毕业后分配去公安局当刑警。刑警的工作与古典文献的学习相差极远，侯军干了刑警两年以后，心中十分郁闷。直至今天，每当侯军回想起这段“不寻常”的工作经历，还不禁苦笑。1991 年北京亚运会开幕，警方需要车载电子地图以便实时巡逻汇

▲ 高德地图
◂ 高德地图应用
▸ 创业公社

报。机缘巧合，领导找到了侯军，经过与学校的多番商讨，他回北大找到计算机系的同学做了一个车载地图软件。后来他们把这个电子地图软件作为核心业务，将其发展成一个公司，这就是高德导航的前身。

从古典文献到刑警工作，再到地图公司，侯军的创业之路十分曲折。2012 年，苹果公司进军中国，希望选择一家国内的地图厂商作为其数据来源，高德地图脱颖而出，成为苹果公司在中国的地图合作方，其实力也得到了国际承认，2016 年高德地图的市场份额创下新高。今天，高德地图仍然高歌猛进，成为许多人外出旅行、车载导航的必备软件。

德宝饭店
DEBAOHOTEL
中国光大银行
KTV

▲ 西直门夜景

高德的成功不仅仅是侯军个人创业的成功，也是北京大学长久以来创业教育的成果，更是在北京创新精神感召下水到渠成的结果。试想，如果没有北京大学这样的高等学校鼓励学生创业，没有北京这座城市开放、宽容的创业土壤，侯军的成功将缺失很多助力。

▸ 美丽北京

▾ 北京夜晚

美丽北京
Beautiful Beijing

北京ING

第二章 Chapter 2

创北京 大无畏

如果说曾经的北京是一个古典与现代并存的城市，那么现在的北京就是一个古老与创新、传承与发展兼具的城市。

开始于英国的第一次工业革命使人类的生产活动从人力和兽力的初级阶段进入机器制造的新阶段，大工厂生产替代了个人手工业的小作坊，谱写了人类历史的新篇章。这场科技革命从英伦三岛逐步蔓延到欧洲大陆，为欧洲的经济腾飞奠定了基础。而几乎同时在英国、德国、美国、法国、荷兰等国开始的第二次工业革命，电力得到了大规模应用，西方国家在化学、石油、钢铁、电器等领域取得了突破性的进展。

第二次世界大战后，西方世界经历了数字化与电子化的产业升级的过程，被称为第三次工业革命。计算机技术、航天工业、可再生能源等尖端领域方面的发展使西方世界再次保持着科技优势。归根结底，三次工业革命的核心在于创新，在于创造。与之形成鲜明对比的是，近代的中国守成有余而创新不足，所以中国始终未能走在创新的前沿。随着互联网对当代人类社会的不断影响，中国经济与互联网相结合，大有“弯道超车”之势。

▸ 北大科技园

◂ 中关村中钢科技创新创业中心

2014年9月的夏季达沃斯论坛上，国务院总理李克强提出了这样的口号：“我们要在960万平方公里的中国土地上实施‘大众创业’‘草根创业’的新浪潮，形成‘万众创新’‘人人创新’的新势态！”此后，他在首届互联网大会上再次频繁提及“双创”，并将其上升到了国家长久战略的层面。大众创新、万众创业与“互联网+”的结合是中国制造走向中国创造的重要拐点，为中国的产业结构升级指明了前进的方向。

北京是中国的首都，“双创”的号召在这一片土地最先得到响应。如果说曾经的北京是一个古典与现代并存的城市，那么现在的北京就是一个古老与创新、传承与发展兼具的城市。北京这座国际都市所独有的魅力，吸引着来自各行各业的顶尖人才，在政策的保驾护航下，他们乘着创新与创业的东风，每一个创业者都感叹到：“创新，北京是认真的！”

为什么北京在这波创业大潮中注定会成为举世瞩目的耀眼明星？

归结起来，北京有以下三个方面的优势：天时、地利、人和。

若论天时，如今的北京正处在互联网蓬勃发展的黄金时代，网络的力量将城市体量巨大的北京紧密地联结在一起，巨大的人口基数提供了广阔的市场；在这个时代，北京的创新与创业就处在了“互联网+”的风口浪尖。

若论地利，北京地处华北平原北端，航

MDCC
2014
2014 移动开发者大会
凌云实验室

空、铁路、公路与全国的每个城市、乡村相连，其经济影响力不止辐射整个华北、东北、西北的庞大国土，还远及中国的最南端。整个中国都可以算作是首都北京的经济腹地，因而北京的地利优势极其明显。

若论人和，本就发达的经济与文化不断吸引着全国各地的优秀人才，再加上北京自身众多的高等学府、科研机构为北京的经济发展源源不断提供着高精尖人才，北京可谓是人才济济。21 世纪是人才的世纪，创新更是人才的创新，因此北京的创新与创业离不开人才。从这个角度上讲，人和也是北京能够大力发展创新与创业最为重要的因素。

▲ 颐和园

◂ 新型自动车

天时：乘着互联网的东风而起

北京城市的科技创新，产生了包括量子通信和量子反常霍尔效应、化学诱导的多潜能干细胞、高温铁基超导等一批具有国际水准的重大创新成果，北京地区综合科技进步水平居全国首位。

北京高精尖经济结构初步形成，前瞻布局新一代移动通信“5G”的前沿领域研究，催生了移动医疗、智能家居、互联网教育、互联网金融等新兴产业。

北京创造、北京创新、北京创业，都发生在这个风起云涌的“互联网+”时代。为什么说“互联网+”是创新北京的时代大背景呢？当人类回溯那三次科技革命时，第一次科技革命的核心是机器，第二次科技革命的核心是电力，第三次科技革命的核心是计算机，那么即将到来的第四次科技革命的核心就是“互联网+”。

▸ 互联网大会
▾ 中关村广场

这里所说的“互联网+”不是计算机时代的普通互联网，那时的互联网是作为新兴产业存在的工业样态，是产业提高效率的某一种方法，而且关键性的一点，在于传统的互联网只是产业的辅助手段。但是新时期新阶段，中国的“互联网+”已不再仅仅是辅助性手段，而是作为整个社会整个经济结构的本质化特质存在的。

将这一重要概念发扬光大的李克强总理曾这样解释：“‘互联网+’不是简简单单地让传统产业使用互联网，而是用互联网思维去彻底地改造和颠覆原有的产业形态，让互联网成为产业的根本思维。只有这样，才能让中国的产业结构适应创新时代的思维，才能让中国的产业转型发展，才能让中国立于创新不败之国。”李克强总理的解释含义非常深刻，清晰地阐明了“互联网+”在当今创业大潮中的重要性与根本性。

市民小李的一天就是北京市这般高度网络化的生动体现。小李是个普通白领，在海淀区一家创业公司上班。这天早晨，因为昨夜与同事聚会晚归，小李早晨起床时间略迟。为了赶时间，他拿起手机，点开出行叫车 APP，用顺风车功能预约了一辆同在附近居住且单位顺路的顺风车。顺风车不到 5 分钟就到了小李楼下，上车一聊没想到司机也是同在海淀创业公司上班的同行，小李和顺风车司机一路有说有笑，用社交 APP 不仅加了好友，车费一算还比出租车少了三分之一。所幸，小李没有迟到。上午十点，工作茶歇时间到了，小李来到楼下的餐饮间，期间收到上司通过即时通讯 APP 发来的工作文件和工作群里发布的下月工作计划。小李用手机阅读器快速地浏览了工作文档，并给出了自己的建议——随时随地办公已经不再是传说中的事情。中午十二点，小李和同事打开订单评价 APP，搜索着单位附近的美食餐馆，用手机地图导航至选中的餐厅。吃完付账的时候，没有人拿出钱包，大家纷纷掏出

▸ 中关村创业大街
◂ 工作

手机，轮流扫描二维码 AA 餐费，移动支付和无现金生活已经成为白领生活中主流支付方式。下午，小李忙里偷闲跑到了对面的咖啡厅，通过扫二维码买回了一杯卡布奇诺，还随机减了 2.3 元。眼看要下班了，老板在群里发话，又要同事们准备明天的业务会议材料，加班是肯定的了。业务部主任主动提议为大家点外卖，这时手机外卖 APP 又成了帮手。晚上终于下班启程回家，一个小时的地铁通勤，漫长的回家路上怎么少得了新闻咨询 APP 的陪伴？虽然时间已经有点晚了，地铁上依旧有很多扫描二维码加关注送小礼物的营销人员。终于回到家里，小李刷着社交网络上的大 V 转贴，和女朋友视频了一会儿，给女朋友在电商花店上订了 2 月 14 日

▲ 手机扫码骑车

▸“互联网 +”时代

承诺送达的情人节 99 朵玫瑰花，沉沉进入梦乡。

小李的一天只是普通人每天日常生活的写照。现在在北京生活，几乎所有的事情都离不开网络，互联网已经渗透进入大家衣食住行的方方面面。现金支付似乎离北京的市民生活越来越远，出门不带钱包的人也越来越多，就连街边的煎饼摊都已经支持扫码支付，小区菜市场的卖菜大婶也新近打印塑封了两个支付的二维码，以前害怕收到假钱、回家清点零钱的景象已经一去不复返。楼下的共享自行车只要扫码就可以骑走，GPS 全程定位，方便又便宜。热爱跑步的人们把自己的健身数据分享至移动社交平台上每日打卡，大家互相鼓励、互相打气，互相监督……

互联网就这么悄无声息的渗透进普通人的日常生活，如果离开互联网，想必很多人都会觉得很不方便。许多行业处在“互联网+”风口，旧的传统产业被互联网思维持续颠覆，传统观念被新思维新想法替代……这个“互联网+”的时代决定了很多的创业与创新以互联网思维为根本，用网络时代的视角去重新审视传统行业，这样才能取得不错的创业和创新效果，也符合社会发展的历史大势。

地利：充满创业奇迹的沃土

从中国地图上看，首都北京地处华北平原北端，算传统意义上的北方。明朝初年，明成祖朱棣为了抵御北方游牧民族南下骚扰，定都北京。虽然位置略为偏北，但是北京自古以来就四通八达，现代北京更成为中国的铁路、公路、民航的枢纽城市，交通的便利使得其经济影响力也十分强大，几乎可以辐射全国。地利，使这座城市成为创业的沃土。

近年来，中国领导人频频提及京津冀协同发展战略，再次确认了北京的核心位置。北京这座巨型城市被河北省包围，天津是北京的门户，也是离北京最近的出海口。三地通过将自身不同的优势结合起来，在更高的层面上对三个省市的未来发展进行统一规划，对于北京的创新发展非常重要。周边地区逐渐承接北京迁出的非首都核心功能，而北京核心区域则加快促进产业的创新发展的步伐，鼓励民众勇于创业，找到新的经济增长点。

2013年以来，北京在京津冀协同发展和“一带一路”倡议中，呈现出绚丽多彩的篇章。习近平总书记先后于2014年2月和2017年2月两次视察北京，为建设面向未来、面向世界的大国首都指明了方向。

经济发展离不开科技创新，科技创新的集聚效应就会出现科技园区，中关村科技园区就是北京的重要创新、创业区域。目前，中关村科技园已升级为国家相关部门批准的中关村国家自主创新示范区。经过不断的区域变更和扩大，中关村示范区空间规模不

▾ 充满创业奇迹的沃土

断扩展，形成了包括海淀园、昌平园、顺义园、大兴－亦庄园、房山园、通州园、东城园、西城园、朝阳园、丰台园、石景山园、门头沟园、平谷园、怀柔园、密云园、延庆园等十六园的一区多园的发展格局。

中关村管委会主任郭洪说："一区十六园的格局就意味着北京的每一块区域都有中关村示范区的影子，中关村不只是海淀的中关村。"中关村"是一种创新精神的代名词，所以有中关村的地方就有创新，有中关村的地方就有创业。"郭洪主任的一番话把北京的创新精神与中关村自主示范区紧紧相连。

京津冀协同发展战略实施后，中关村已经走出了北京，进入了天津、河北。天津滨海新区、河北秦皇岛市、河北保定等地也有了"中关村"科技园，未来"中关村"还将走进雄安新区。京津冀协同发展，离不开科技创新资源的协同。北京中关村，既是京津冀加速实现协同创新的积极探索者和引领者，又是创新理念与创业观念的输出者。

2014年以来，北京中关村与天津滨海、宝坻，河北曹妃甸、承德、保定、石家庄等地，在创新创业生态系统构建、园区链建设、产业协同发展等方面进行了许多探索。

“天津中关村不单是学习、复制北京中关村的功能和疏解北京产业，而是希望在‘将北京科技创新成果转化到天津先进制造业研发基地’方面有所作为。”据天津滨海—中关村科技园管理委员会执行主任金东虎介绍，园区揭牌至今，新增注册企业35家，正在跟踪的项目60余个。外地中关村的发展态势良好。

进驻北京中关村科技园区的创业公司、创意公司众多，其中最著名的有百度公司、阿里巴巴北京总部、滴滴打车的研发公司小桔科技等。

◂ 中关村国家自主创新示范区

▾ E-Park

◀ 百度

▶ 百度大楼

百度选择落户北京，落户中关村示范区海淀园，自然有其道理。位于北京市海淀区上地十街10号的百度大厦，绝对是北京创新产业的标杆性建筑。百度是依靠搜索引擎起家的互联网科技公司，掌握了互联网流量的入口和互联网各项用户习惯的大数据，今天百度已经是中国最大的搜索引擎。刚刚创业时的李彦宏，还曾一度租用他的母校北京大学的宾馆作为他们的办工场所和临时居住地。苦于租金上涨，李彦宏将百度的研发团队带到了中关村科技园，在那里逐渐扎下了根。

百度作为已经成长起来的巨头公司，对其他的创业公司也十分关照，尽其所能帮助创业者。黄太吉煎饼是在北京最近几年新起的饮食品牌，创始人赫畅曾经在百度公司任职过很长时间。为了照顾从百度走出来的年轻创业者，有一次，百度公司CEO李彦宏为百度总部全部员工订购了一次黄太吉煎饼，数量巨大的订单使得全北京的十二家黄太吉煎饼店拼尽全力接单，最后还用特斯拉送到上地的百度总部。百度员工拿到还冒着热气的黄太吉煎饼，纷纷在社交平台上发布照片，无形中为黄太吉的产品作了免费推广。这是一次成功的互联网营销，从此黄太吉煎饼知名度大大提高，“互联网 +”的思维时时刻刻影响着每个城市人的衣食住行。

百度像一艘远航的巨轮，而黄太吉则是刚刚启航的小帆船，但都在北京这片创业蓝海里扬帆远航，越走越远。

北京是百度从创业公司成长为世界互联网巨头的福地，是百度业务迅猛发展的肥沃土地。而位于北京创新核心地位的中关村科技园区已经成为北京创新精神和创业理念的承载地，也必将孕育出更多的创新公司。

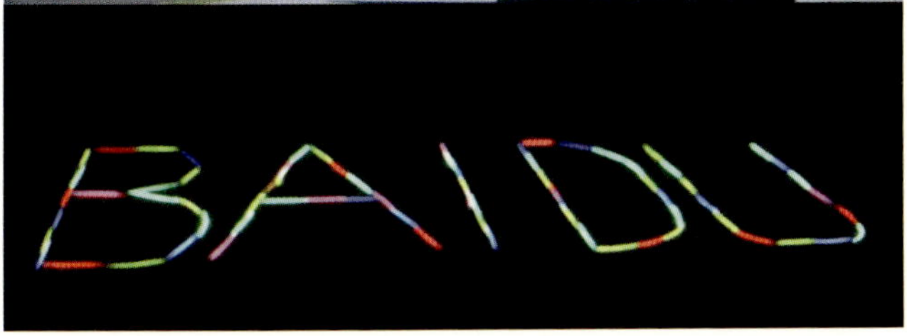

人和：冒险精神之下的创客风云

人与城共生。无论是既往的城市缔造者，还是当下的城市创造者，北京城，都因有在此奋斗的人而更加辉煌。

北京的“人和”对于创新、创业有三大帮助。

其一，北京的人口基数大，购买力强，就市区人口而言，北京已经是全世界人口最多的城市之一，形成了巨大的规模消费市场，而庞大的消费市场则为创业公司提供了最完美的产品和服务的消费源头；其二，北京的人才密集度之高，全国稀少，世界罕见，为创业公司提供了源源不断的具有创业精神的企业家和业务骨干，这些人才资源为北京的创新与创业提供了人才方面的支撑；其三，北京的城市精神具有包容精神，北京居民的思想开放，对新事物充满好奇，这就为创新商业模式和产品服务提供了肥沃的生

▸ 北京大学创业训练营

长土壤。

北京人口众多并没有成为北京这座城市发展的负担，这是因为北京的高学历、高素质人才比例也是非常之高，更多的人口意味着更多的人才。

全北京高等院校众多，仅位于北京海淀区中关村地区的高等院校就有 40 多所，国家级重点实验室 65 个，国家工程研究中心 29 个。这些优秀的人才培养机构为北京培养了大批高素质劳动者和建设者，留在北京的毕业生和从全国各地来北京求职的毕业生不断地为北京的创新事业提供人才保障和智力支持。

北京人既有含蓄的多礼，也有奔放的热情，有礼但不拘于小节，表现出都城文化的深厚底蕴。北京人“热情开朗、大气开放、积极向上、乐于助人”的风骨，正是北京城市性格的真实体现。人与城共生，北京

◂ 北京城市
▴《中国好项目》荣誉证书
▾ 创新工场

人——无论是既往的城市缔造者，还是当下的城市创造者，北京因其而伟大，也必将更为辉煌。

在北京创业的滴滴公司 CEO 程维对于北京的“人和”有着深刻的理解。滴滴从一个不知名小公司发展为用户量庞大的综合出行平台，仅仅用了不足五年的时间。

在滴滴之前，提起代步出行，人们第一个想到的自然是叫出租车。滴滴上线之初，首先瞄准的就是出租车市场，但当时出租车司机并不看好滴滴。一是因为滴滴是个新事物，司机们对它并不完全了解，接受需要一个过程；二是滴滴不具备任何出行资质，出租车司机怕承担风险。不过最终，滴滴的推

广员说动了少数的出租车司机作为第一批“吃螃蟹的人”，而这一批人又带动了成千上万的出租车司机加入。随后逐步完善的监管机制，也为市民安全出行保驾护航。

滴滴很快进入人们的生活，以一种前所未有的势头迎来发展的第一波高峰。该模式在第一个站点北京得到验证之后，迅速复制到全国各地，几乎是一夜之间，多个城市开始出现滴滴的身影。这个阶段，滴滴对出租车的补贴比较多，对乘客也有各种优惠政策，在极短的时间内就改变了人们的出行方式，也使得出租车的空载率下降很多。

倘若没有敢于尝试新鲜事物的北京出租车司机，没有庞大的交通出行人群，就没有这场出行方式的革命。乐于接受交通出行创新理念的北京人促成了滴滴的快速发展，滴滴这个创业公司也改变人们的生活。

目前，作为世界上顶尖的互联网公司，阿里巴巴已经有大约 1/3 的重要的业务布局在北京。比如第三方浏览器 UC 浏览器、阿里影业、阿里健康等总部都设在北京。阿里线上线下联动的合作伙伴，比如苏宁和银泰

商业等均在北京深耕多年。众所周知，阿里投资参与的视频网站优酷土豆以及最大的社交网站新浪微博总部也都在北京。阿里方面表示，为未来更好的发展，阿里巴巴启动“杭州 + 北京”双中心战略，两地联动，更好地服务北方消费者。

2015 年 4 月 23 日，阿里巴巴集团董事局主席马云率几乎全部高管参加了在北京国家体育馆举行的员工大会。马云在发言中不仅将北京定义为“电子商务以外的互联网服务”的大本营所在，他还首次勉励员工“参与北京”，将北京建成阿里巴巴的“第二个主场”。他希望员工能够参与北京的经济，参与北京的税收，参与北京的建设，参与北京的创造就业，参与北京所有公益的发展。

◂ 阿里巴巴 logo
◂ 中国国际技术转移中心
▾ 阿里巴巴总部

阿里巴巴为什么选择北京？

北京作为全球经济增速龙头国家的首都，是战略、人才、经济、文化、政治的高地，集中了最多的合作伙伴和竞争对手、最快速的资讯迭代、最完善的金融业态、最顶尖的人才储备。阿里巴巴“参与北京”也是故地重游，早在17年前阿里巴巴就与北京结下了不解之缘。阿里巴巴高管团队里的核心人员以及很多元老级人物，都曾在北京奋斗过，感受过北京创业的氛围。据时任蚂蚁金服CEO彭蕾在员工大会进行的现场回忆，当时自己“住在潘家园，每天拎着两个包子挤51路公交车前往外经贸部上班。”

北京，一直以包容、厚德的底蕴，成为无数企业创业的沃土，而发展壮大的企业，也将更多的投资转向北京。以阿里巴巴为例，近年来投资、参股企业远超100家，绝大部分集中于互联网业态繁荣的北京，仅在北京地区就有15个事业群。马云喊出“参与北京”的口号，将北京定义成阿里“电子商务以外的互联网服务”的大本营，也与北京的城市定位高度契合。

习近平总书记视察北京之后为北京赋予了“科技创新中心”的城市新定位。北京市领导对此表示，实现经济的平稳较快发展，科技创新的引领作用更加凸显，北京作为全国科技创新中心，要以建设具有全球影响力的科技创新中心为引领。市领导也曾表示，当下最重要的是全力做好全国科技创新中心建设工作，努力打造北京经济发展新高地。

▸ 北京胡同
▾ 北京楼群

北京ING

第三章 Chapter 3

创北京 何以续

“创”字对于北京这座城市来说，怎么强调都不为过。

2016年，北京的GDP规模达到24889亿元，同比增长6.7%。“创新”“创意”“创业”“创造”已成为北京经济发展的发动机。

但从另一个角度上讲，创新的理念毕竟不能只是停留在大脑层面，书写在纸张上面，否则就是一句空话，永远也无法落实到实践层面。

那么，怎么样才能将不断在北京涌现的创新理念真正地转化为对城市、对人民有影响力的经济增长的动力呢？如何才能将一颗创新种子播撒在北京肥沃的创业土壤中，让其生根发芽、开花结果呢？

不得不说，与创业大潮相伴相生的创业服务机构，在这其中扮演了相当重要的角色，为创业团队的发展和创业项目的成长发挥了越来越大的作用。

这些聚集在北京的创业服务机构形式众多：创业咖啡馆、共享办公空间、创客空间、众创空间、孵化器、加速器、创业生态链、创业沙龙等等。它们为创业项目提供一条龙服务，确保了一个创业“idea”（理念）能够茁壮成长，把创业的蛋糕越做越大。

▸ 共享空间

总理光临的创业咖啡馆

2015 年以前普通人对于“创业咖啡馆”这个词还很陌生，很多人甚至不知道创业咖啡馆的存在。

2015 年 5 月 7 日是具有历史性意义的一天。这一天，国家总理李克强来到北京中关村创业大街考察，在 3W 创业咖啡馆买了一杯有“3W”拉花的香草卡布奇诺，与在场的创业者们深入交流，这一次探访深深地鼓舞了每个创业者。

总理坐下来与年轻人边喝咖啡边聊创业，蜂拥围拢过来的年轻人们争抢着向总理介绍各自的项目。听到大家各种奇思妙想的创意，总理感叹道：“这里精彩纷呈，什么想法都有！真正知道社会需求的是大众，这正是大众创业的精髓所在。”

一位中关村创业大街的创业服务机构负责人周经理回忆：“当李总理走到大街北口

时，我也在现场，起初还有些不敢相信自己的眼睛。直到总理过来和大家亲切合影后，握着我的手说了一句‘祝你们创业成功’的时候，我才反应过来这是真的！我真的是太兴奋了！”

这一次总理的探访传达了一个信号，不仅让“大众创新、万众创业”的理念更加深入人心，更让北京的诸多创业咖啡馆从幕后走到台前，成为创业人群最常聚集的地方。从某种意义上讲，创业咖啡馆是一个连接双

▾ 3W 咖啡

3W投资孵化项目
导师说
车
闹客邦
知由者
SEXY SALAD
好色派沙拉
九阿哥
同龄圈
weicaiapp.com
爱思益
W4GZ广州
一公里
Joy You
修机100
微中医

方的桥梁，更是搭建了一个创业者与资本都可以光顾的平台，因而显得十分重要。这些咖啡馆当然不是普通意义上的咖啡馆，而是被很多创业者和天使投资人光顾的地方。天使投资人能够在这里找到合适的投资对象，帮助创业者达成资金的诉求；而创业者在这里进行交流、路演，既对当下的商业模式有了更加深入的了解，也能更好地宣传自己，找到合适的投资人。

▲ 中关村创业大街

◂ 3W 投资孵化项目墙

中关村创业大街，因互联网经济和创业创新声名鹊起。

2014 年 6 月“开街”，中关村创业大街的前身是海淀图书城步行街。那时，3W 咖啡、车库咖啡已经在这里落户，这条大街目的是打造全球著名的创业名片。这里具有良好的区位优势，周边著名高校云集，为北京的创新和创业提供了有力的人才保障和智力支持。

如今，这条大街已经从最初规划的 200 多米延长至 7.2 公里，坐落着 3W 咖啡、黑马会、36 氪、联想之星、车库咖啡等创业服务机构。最北边的是“京东智能奶茶馆”，既是各种智能硬件的展厅，又成为创业者展开头脑风暴的乐园。招聘网站“拉勾网”是创业大街 3W 咖啡厅发源和孵化的项目，而为中小企业提供更加便捷和优惠商标知产服务的创业公司“知果果”则是不远处联想之星孵化器的杰出孵化项目。据中关村一家创业团队的负责人张启灵介绍，第一次来到这条大街的时候，就深深地感觉到了整条大街浓厚的创业气氛，街上挂着“让创业者不

▲ 3W 咖啡
▸ 太库
▸ 3W 咖啡

再孤独”“天使投资共创未来”等等激动人心的标语，仿佛空气中都弥漫着创业的激情和拼搏的气氛。如今，创业大街正式命名“Innoway”并挂上显著标识，意指“创新之路”，已成为北京海淀中关村这个创业中心区的世界名片。

事实上，创业咖啡馆等这一类创业服务机构在北京发展的时间并不长。国内创业咖啡馆业态的兴起是从 2009 年开始的，从最初的北京、上海、深圳、杭州等创新经济发展较好的城市，到 2013 年已经蔓延到武汉、南京、长沙、济南、郑州等全国的区域中心城市。但是，要论创业咖啡馆的集中程度和服务的完善程度，还是要首推北京。北京市的中关村创业大街，可谓全中国创业咖啡馆、创客空间等创业服务机构最为集中的区域。

李克强总理来到 3W 咖啡馆之后，这里

的热闹程度更胜以往。原来要去中央部委寻找合作机会的地方各级政府官员，特别是各类开发区、高新区官员，到北京来的第一件事现在是到3W咖啡馆坐坐、聊聊、喝一杯创业咖啡。而每逢寒暑假，从全国各地来北京旅游访友的大学生们，也会成群结队地来到创业大街亲身探访著名的3W咖啡、车库咖啡，在西少爷肉夹馍买一个网红肉夹馍，细细品味地道的创业气息。

一家咖啡馆的值班经理李国如此评论："这条街的创业氛围很浓，像3W咖啡这样为创业者服务的机构在这条街上也已经超过五家，此前，南京、长沙等市政府的人士，都组团来到这里学习经验，希望将3W咖啡这种为创业者服务的模式复制到他们那里去。"

这些"取经"人士，喝的不仅仅是创业

咖啡微苦又甘甜的味道，更希望能汲取创业过程中拼搏进取、积极向上的精神。在他们回到自己的城市以后，一大批看上去差不多实则各具特色的创业咖啡馆，便在各个城市冒了出来，他们将北京的创新精神带回了自己的城市，成为北京的创新理念和创业项目的代言人与宣传者。

除了创业咖啡馆以外，总理还考察了其中一家机构叫“创业会客厅”，这也是一家为创业者提供服务、为创业者提供助力的机构。创业会客厅一共有近 10 个窗口，每个窗口都配备着专业的人员，可以为创业者提供不同类型的咨询服务，回答他们的困惑。这家创业会客厅的王牌业务主要涉及提供路演场所和投融资、法律、知识产权咨询等。一位工作人员也对李克强总理的考察记忆犹新：“总理来到创业会客厅，围绕着这些窗口转了一圈，分别在知识产权、法务、政策咨询等三个窗口停留，并且还和里面的工作人员交流了很久。”

与“创业会客厅”类似的是，自 2014 年 6 月开街以来，中关村创业大街上已经汇聚了 45 家国内外优秀的创业服务机构。在社会化专业服务领域，街区吸引了知果果、51 社保、FESCO、拉勾、掘金控股、盛大资本、北京银行、德恒律所等一大批专业机构入驻。

在如雨林般茂盛的创业服务生态下，中关村创业大街成了科技企业集中诞生地。截至 2016 年 12 月，中关村创业大街及入驻机构累计孵化创业团队 1581 个，其中 655 个

团队获得融资，总融资额达到65.34亿元，平均每个获得融资的项目融资额近千万元。具体而言，旷视科技、燃石医学、佳格大数据等一批创新项目迅速成长为行业领袖，成为中关村创业大街创新发展的新名片。

同时，创业大街正加速从本地运营向全球创新平台升级。近年来，中关村创业大街与来自美国、以色列、芬兰、法国、韩国、新加坡等10余个国家的20余个机构开展多方位合作，通过设立分支机构与办公室、跨境孵化、全球路演、全球创新青年领袖计划等方式，吸引全球创新人才汇聚，助力高精尖技术与项目落地。在街区孵化的1500多个创业项目中，其中海归团队和外籍团队超过194个。

◂ 创业会客厅
◂ 告示栏
▴ 黑马学院
▸ 车库咖啡六周年

创客空间中的年轻主人

中关村创业大街众多的创业服务机构，只是北京市政府和社会对于创业创新提供服务和保障的一个缩影。此外，西二旗、望京、酒仙桥一带，也是创业公司和创新经济最为集中的区域。可以说，北京市科技创新企业和创业公司聚集的上述区域大致可以分为两类，一类是政府作明确的城市规划，建设好相关的配套设施，然后众多科技创新项目团队纷纷入驻，典型的例子如中关村创业大街；另一类则市场自发形成的产业集聚，围绕着核心企业，周边渐渐聚拢了一个为该企业提供服务的公司集群，有效延长了产业链，如丰台区丽泽桥附近。

无论是在政府创业规划区域受政策感召，一心一意为创业团队提供服务的机构，还是遵循市场规律，聚集在大企业周围伺机寻找创业机会的中小企业，他们对待创业项目与

创业理念的热情都是相同的，其宗旨都是为创业团队与创新项目保驾护航。

创业的大潮既能推动创业公司向前发展，也能起到大浪淘沙的作用——小微创业公司在激烈竞争面前面临巨大压力。

摆在许多小微创业公司面前最现实的问题就是：创业团队初创之时，在哪里办公最节省开支？在哪个平台能够接触到天使投资人？这些问题始终是每个创业者需要认真考虑的严肃问题。

刘远明也有着这样的担忧。

刘远明大学毕业没几年，拿着家人给的不多的启动资金和自己的几个朋友一起来到了北京。他们的团队主要是解决企业的财务系统问题，他的团队具备自主编程能力，且

◂ 中关村创业大街

▴ 创客大会

有良好的售后配套服务，受到客户群体的一致好评。但是随着写字楼租金的不断上涨，原本的启动资金开始告急，每个月团队的收入刚好能够收支相抵。眼看整个团队因为无力再交物业管理费被几次停电，刘远明忧心忡忡。他们的创业团队具备相当的技术实力，也在市场上得到了客户的认可，可是由于仍然属于初创阶段，团队的市场知名度还较低，面临着初创期最艰难的阶段。

当得知刘远明团队目前的窘境时，位于酒仙桥 798 艺术区一带的极地国际创新中心主动提出邀请，希望刘远明团队可以进驻他们的创客空间。与原来租金昂贵的写字楼相比，这一带的创客空间，能为刘远明团队提

▲ 太库

▶ 孵化器

◀ 创业孵化器里的工位

这里孵化的不仅是项目

供免费的办公场地。得知这一消息，刘远明大喜过望。

来到办公场地，刘远明发现，此处的办公空间虽然不如之前的办公室装修豪华，但是这里的创业氛围更浓厚。首先，这里的装修偏向年轻人的创意风格，周围的墙壁完全由入驻团队根据自己的喜好自行设计，而且大家可以根据自身团队的宗旨与目标进行涂鸦，既体现了自身团队的创新实力和企业文化，又节省了相当一大笔开支，可谓一举两得。屋顶虽没有豪华的装修，但裸露的管线呈现着浓浓的工业风，地面更是体现了工业设计的审美感；不同团队之间有着隔音完好的玻璃门，既可以相互交流，又可以保护

▸ 太库休息区

▾ 众创空间一角

太库
Techcode
ROXOR
HandScape

私密性，完全符合一个初创团队所需要的一切。此外，高速的网络成为标配，而水、电、网等传统物业费用也由创客空间来集体负担，唯一的要求是团队必须是小而精的团队，人数需在 20 人以下。

“这正是我们需要的完美办公室！”刘远明在参观完创客空间为他们准备的办公场地以后不禁感慨道，“之前我们在黄金地段的写字楼里，虽然显得高端大气上档次，但是却没有这里浓厚的创业氛围。”于是，刘远明马上决定将整个技术团队转移过来，正式进驻雪中送炭的创客空间。在接下来将近半年时间里，刘明远团队都没在办公场地上花一分钱。

对于好多初创团队来说，就算省去了场地费用，还是需要大量的周转资金来帮助团队和项目实现跨越式发展。创客空间也同时解决了这个问题，他们的孵化服务可以为各个团队提供高效的联络天使投资人的渠道。这下，刘明远的团队对于创业的未来更加有信心了。“以前，都是我们上门去找投资人递名片、谈项目，一次一次地去，有的时候还会被拒绝接见，非常狼狈。现在好了，我们在办公室家门口的会客厅里就能见到来走访的投资人，非常高效方便！”

其实，不仅是创业公司的团队有节约创业成本的需求，投资人也非常注重接见的效率和成果。因此，天使投资人十分钟爱集中了很多创新团队的创客空间，正是有了这样的空间，才有了众多的优秀创业团队集中在这里，既为他们省下了大量的时间和精

◂ 新浪大楼

▸ 创视记

▾ 创业孵化器里的工位

力，也让他们的资金有了更好的投资渠道，能够接触到更加优质的投资项目。从中不难发现，创客空间在整个过程扮演着极其重要的角色，既方便了投资人更好地寻找投资标的，也方便了如刘远明团队一样的创业项目。最早在写字楼办公的小团队就这样入驻了创客空间，而创客空间内的多家创业服务机构还为这个 90 后团队提供了硬件技术指导、媒体报道、投融资培训等多种服务。很快，刘明远团队就接到了新的“任务”：为整个创客空间创造出一个最优的财务系统的技术方案。这可乐坏了刘明远，因为入驻时团队没花一分钱，刚刚进驻空间又接到了一个不小的定单。这个创业项目被创客空间巧妙地利用起来，成了其他创业公司的服务机构。

本着互帮互助、自我服务的精神，众多创业公司内部就形成了相当程度的“产业链条”。一批会计师事务所、律师事务所、银行分理处等等周边机构也纷纷进入，创业公司的大部分手续都能够在创客空间的大楼内完成，大大提高了整个流程的办事效率，也为创业者节约了时间和精力，使他们可以更加专注于自己的业务，而财务、法务、税务等等诸多问题因为有创客空间提前布局，完全满足了创业公司的日常需要。

创客空间为刘明远团队解决了后顾之忧，他们终于轻装上阵，潜心编程，不断试错、研发产品。现在，刘明远的团队规模也从一张长条桌就能容下，变为两排办公桌的规模。如今，这个年轻的公司已经拥有超过 20 人，还与各高校财会系、计算机系和相关培训机构建立合作，开始研发几款面向特定企

▾ 创业会客厅
▸ 工业智能展
▸ 创业孵化器里的工位

业的高端产品。同时，一位天使投资人也看中了刘明远的创业团队，他们团队的业绩和人品打动了这位投资者。目前，他们已经在创客空间的见证下，签订了投资的基本意向书——一切都在向着刘明远最初想象的方向发展。

创业的过程无疑是辛苦的，创新的颠覆无疑是艰难的。但是在北京，有着千千万万的创业团队，就像刘明远的小团队一样，不断奋力拼搏在第一线。他们不辞辛劳，他们不怕失败，他们为的是实现北京创新的梦想，为的是见证北京创造的奇迹，为的是通过自己的努力，实实在在地推动一颗创业的种子成长为参天大树。

京投资产

第四章 Chapter 4

创业公司的后续状况实录

“创业：是一个激动人心的动词，后面跟着的缺一个永远的问号，因为没有人知道，创业的结果究竟是怎么样的。

◂ 各种支持创业的活动

▾ TusPark

北京、上海、深圳都是中国的超大型城市，而北京的创业公司又面临着更加白热化的市场竞争，因为在北京这样的巨型城市背后，是无情的商业逻辑和残酷的市场竞争，创业公司数量众多，必须要经受市场经济的考验和洗礼，才能实现优胜劣汰。

即便受到政府、风投资本、创业人群再多的用心呵护和悉心栽培，温室的小苗还是要在市场的风雨中经受住严格的检验才能成长壮大。在市场经济的大潮之中，创业公司亦需充分展现自身的实力才能走到最后。“创业船队”中究竟哪艘小船能走得更远，成功到达彼岸，哪艘小船能漂洋过海，逐步升级为远洋巨轮，哪艘小船最后被风浪卷入大海，再也不见踪影，这些都需要创业公司来交出答卷。

其实，创业的结果只有两种：成功或者失败。无论是否愿意，创业浪潮中的失败者将要接受无情的现实，在市场的学校里吸取自己的经验和教训。趋利避害是人类的本能，在北京的创业者也不例外，他们时刻思考着这个关系自己和公司命运的大问题：怎么才能让创业公司长久地走下去，怎样才能让公司避免亏损，怎么样才能算是真正的创业成功？

在北京进行创业的人们，他们的生活，他们的公司究竟后续如何呢？

雕爷的走红：内化于心的北京智慧

▲ 京东奶茶店
▶ 京东开放孵化器

20 世纪 90 年代是全球互联网进入快速发展的黄金时代。1998 年堪称“中国互联网元年”，今天已经赫赫有名的互联网大佬大多在那时纷纷进入 IT 行业。

这一年，“QQ 之父”马化腾大学毕业后在深圳创立了腾讯公司，如今的京东商城创始人刘强东开始在中关村销售电子产品，王志东合并四通利方与华渊资讯网组建新浪网。所有的创业者都雄心勃勃，想要打拼一番天地。

相比于这些志得意满的互联网大咖，孟醒他的第一次创业并不顺利。孟醒，笔名雕爷，70 后，土生土长的北京人。起初他在中关村卖着各种数码影像产品，也算是在北京走上了创业的道路，但没过不久他就因为现金流枯竭，资金周转不开，关门大吉。孟醒的第一次创业宣告失败。

京东JD+开放孵化器
cookee
Senses Labs
x.y.link
EEGSmart
ISAHL
HULOO
呼噜科技
VGA
MATO
Collday
next Drive
E-TRON

在那之后，孟醒在摸索中前行、逐步走上成功之路。他骄傲地宣称，“至今我已经在五个领域跨界创业，江湖人称‘嚣张营销’”。这简直是大无畏的创业精神的化身，他凭借北京人天生的营销潜力和现代创业知识的武装，凭着北京人无话不能侃的天赋和学以致用的理论知识，在社交网络俨然是公知一般的存在，和大量网友以及创业者分享着现代北京创业的点滴经验和心路历程。

“连续跨界创业者”——孟醒这样评价自2006年创业以来的自己。名片的正面，以某剧团制作人标注本名孟醒，以“品牌创建爱好者”标注诨名雕爷。名片的背面，“薛蟠烤串”“阿芙精油”“雕爷牛腩”“河狸家”等9个品牌LOGO填满了小小一张卡纸。此前，网上已有铺天盖地的文章报道了这位“嚣张营销”的跨界创业者，他也因常放豪言、制造争议话题而让自己毁誉参半。先后做了“精油——餐饮——美业”的跨界创业逻辑在哪里？作为创业者，如何选择风投？

孟醒称他就是要做“人群生意”，具体而言就是白领女性的生意。客观讲，不论是雕爷牛腩、薛蟠烤串这两样餐饮品牌，还是阿芙的产品、河狸家平台的服务，都在其行业略显轻奢。“薛蟠烤串60%的客户是女性。”雕爷孟醒接受采访时说，“我做的生意都很注重仪式感、形式感。包括器皿的精致、菜品摆盘的精美等等，对这些我格外在乎。”孟醒觉得，这是“轻奢”品类餐饮吸引女性用户的重要原因。

至于口感，他的逻辑是：众口难调，人

▲ 河狸家兼雕爷牛腩创始人孟醒参加论坛

▲ 雕爷牛腩 logo　阿芙精油 logo

▶ 创客大展

Maker Faire Beijing

的味蕾都是后天培养的。做餐饮，味道是个伪命题：人人都喜欢的味道并不存在。有人觉得大董烤鸭好吃，有人觉得沙县小吃好吃，但对食材的品尝有时其实是需要受过训练才有感受。所以孟醒在餐饮业创业上的方向选择，仍是先锁定人群。对此，很多人表示异议。他这样反驳轻奢不具性价比的言论：“我的核心用户并不觉得价格高，甚至有人还觉得太便宜。”

1999 年，他在北京创立了一家公司，销售美容院需要的美容设备、化妆品等消耗品。孟醒说：“说白了就是美容院需要的，咱都可以有。他们要多少，我就可以帮他们在最短的时间内配齐全套护肤品和装备。”那时，他刚开公司不久就找到了美容行业的门路，很快就有了不小的发展。孟醒说自己比同行勤奋聪明，业务量也越滚越大，慢慢地开始为全国数百家美容院供货。为了扩大销量，他经常要为美容院做促销，提供优质服务。在这一行奋斗了几年，孟醒逐渐摸透了其中的商业门道，于是干脆成立了自己的美容用品品牌。这次创业为他带来了人生的第一桶金。

2002 年，他又成立了纳兰美容生活馆，进入美容行业的加盟连锁领域，把目标逐步锁定在白领女性群体。几年后，他的美容连锁店在全国各地都有了分店，规模庞大，一度接近五百家。为了推广孟醒的连锁美容馆，他还结合自己的创业经历与体悟，专门写了一本书。这本目的性很明确的“软书”以幽默的文笔和清晰的思路，描绘加盟

▲ 城市

纳兰美容生活馆的美好愿景，非常具有“煽动性”，吸引了全国大量的潜在加盟商，为整个连锁店推波助澜。至此，凭借自己的汗水与努力，他赚取了人生的第一个1000万。这也成为他日后纵横天涯、猫扑等各种网络社区、大谈营销之道的资本。第二次创业的成功使孟醒成为网络红人，网络ID“雕爷”随之走红，而其本名“孟醒”渐渐不为人所知。

2006年，不满足于既有的现状，雕爷开始了自己新的人生旅程，可谓他的第三次创业——阿芙精油。这一次创业有着巨大的产业变革背景：阿芙精油的成功与中国电子商务的蓬勃发展密不可分，与北京充满活力的互联网经济生态有着很大的关系。2009年，雕爷在淘宝开店正式决定走线上渠道。在这之前，阿芙精油还有长达3年的实体店销售经验，但其排名也只占据精油品类前十的位置，总体销售情况还不足第一名的百分之二十。雕爷孟醒在接受媒体采访时认为，垂直行业必须做到前两名，第三名必死无疑。很明显，阿芙精油的销售状况并不乐观，第三次创业还远未成功。雕爷清楚地知道，即使调整到成本相对低的线上渠道，自己也还是不可能与其他大商家硬碰硬——一个刚刚起步的电商门店根本不具备大型营销的能力和资本，花大价钱投放传统广告渠道显然不太明智。

但是机会来了，雕爷决定借助互联网的新力量进行营销创新。当传统化妆品正在传统媒体上一掷千金时，雕爷作为一个终年混迹于天涯 BBS、猫扑的资深网络人士，早已意识到互联网的传播威力。他的营销优势借助互联网得到了充分展现，他充分调动网站的朋友，认识了一大批非当红明星又小有名气的女性博主，希望借助她们的实力推广软广告，影响其粉丝——这些粉丝都是阿芙的潜在用户。从始至终，雕爷的目标用户很明确，他的产品是针对白领女性量身打造的。软广告的投放不可谓不精准，一位雕爷的女性博主朋友如是写道："最近一直在用的精油牌子是 AFU（阿芙）的人参面膜和玫瑰面膜。不瞒大家，这两种面膜都是阿芙专卖店寄给我试用的，还寄了其他礼品，但我觉得这两样效果最好，推荐给大家。"消息放出去不过数日，阿芙电商网店的访问量已经达到了 600 多万人次，超高的网络曝光率让阿芙精油在短时间内就取得了相当高的知名度。

雕爷是地地道道的北京人，雕爷的创业公司自然也是地地道道的北京公司。雕爷的精神在于，他不断创新、坚持创业，他的行为完全可以看作是将北京精神内化于心、外化于行的结果。2013 年 5 月，"雕爷牛腩"餐厅正式开业，号称 500 万一张的绝密配方，使其迅速在北京的繁华区域加开分店，生意一步步做强做大，一时间各分店门庭若

市、座无虚席。2014 年 3 月，永不满足的雕爷创立了移动的高品质美甲服务“河狸家”，一年时间内完成了三轮融资，估值已接近 3 亿美元。时至今日，雕爷已经不再是当初的北京胡同小青年，可以说，雕爷是一位非常成功的创业者。他先后建立的创业公司和创业项目也都在他的带领下不断成长，成了资本市场的宠儿。一次又一次抛开一切去创业，一次又一次成功为广大创业者树立了一个值得深刻学习和思考的榜样。

◂ 雕爷牛腩

▾ 城市

小米的试炼：拥抱科技创新的乐趣

小米公司是一家坐落于首都北京、专注于技术创新的科技企业。它正式成立于2010年4月，从最初的物美价廉手机的生产厂商到如今专注于高端智能手机、互联网电视以及智能家居生态链建设。短短几年里，我们目睹了这个集创业、创新于一体的公司是如何快速发展的。

“让每个人都能享受科技的乐趣”是小米公司的愿景，可以说，小米是最为典型的北京创造，也最能代表北京科技创新的精神。作为创业公司，小米不但活了下来，而且活得很好，它将中国手机的影响推广到了全世界。

小米的联合创始人雷军原是金山软件公司的总裁和首席执行官。2007年12月，雷军辞去了金山软件的职务，毅然决然选择了创业。2011年8月，小米手机诞生，亿万粉

丝为之痴狂，小米科技公司逐步走上了成功的创业之路。但是成功不是小米科技公司的终点，作为互联网时代的新兴公司，小米兼具创业、创新的双创精神，将创新精神融入他们的产品研发、产品销售、竞争战略中，在创业的路上走得更远。在产品生态上，小米公司经历了从单一的手机到现在完整的生态链的全过程，一艘小船如今已是航空母舰。

如今，小米科技公司旗下生态链企业已达22家，其中紫米科技的小米移动电源、华米科技的小米手环、智米科技的小米空气净化器等产品均在短时间内迅速成为闻名整个中国消费电子市场的明星产品。小米的生

▲ 雷军

▼ 小米体验店

◂ 城市夜景
▸ 小米手机

态系统颇具互联网创新思维，秉承着开放的精神，打通了智能家具的上下游产业链。小米科技公司与相关的生态链产业都是北京创新企业的典范。

在电子产品的销售方面，小米公司更是打破常规，充分发挥了互联网思维的优势，前期采用了完全网上销售的方式，除了运营商的固定渠道外，只通过电子商务平台进行销售，最大限度地省去了层层经销商的中间环节。这样能省去线下庞大的房租费用，并能把省下来的这部分资金投入研发和生产环节，最终将小米手机打造为人见人爱的明星产品，打破了国际厂商在国内高端产品方面的价格垄断。通过互联网的直销模式，运营成本相比传统品牌大大降低，这是小米电子产品的重大价格优势。

在竞争战略方面，小米公司采取了软硬件结合的方式，“两手抓，两手都要硬”。小米是中国科技厂商中第一个将电子产品的软件和硬件打包处理的品牌。这样做的好处是小米在不靠硬件赚钱的战略模式上发展手机

品牌，软硬件一体化，依靠操作系统的软件服务取胜。定位中档机市场2000元，价格向下压缩、配置向高端靠齐，甚至领先。鉴于这个产品空间以及利润空间，其他厂商不太好进入。小米操作系统MIUI的人性化与简洁易用，很少有手机公司能够做到；小米手机高质量的硬件，同价位的手机又远远达不到这样的高标准。此外，小米还将与之关联的移动互联网服务平台也整合进了小米的软硬一体化服务，有效地提高了产品的易用性和服务的完整性。

小米产品的忠实粉丝被称为“米粉”。他们这样评价这个年轻的创业公司：“小米公司虽然刚刚建立没有几年，但是它能把握我们年轻人的兴趣点，知道我们想要的手机，我们想要的产品到底是什么样的，所以我从第一次见小米的产品就深深地爱上了这个公司。”甚至有的粉丝已经将全家的旧家电逐步更换为全套的小米的智能家居产品，说起这些智能产品来如数家珍。

家住北京的“米粉”张海龙目前还是在校的大学生，物美价廉的小米产品既让张海龙这样普通家庭的学生能够用得上高质量的手机、电脑等消费品，又不断吸引着年轻人支持国货，改变原来“国产”质量不佳的旧有观念。由于张海龙从小就喜欢折腾家里的电器，后来又对计算机编程发生了浓厚的兴趣，目前张海龙已经加入了相关的 MIUI 用户反馈论坛，通过用户反馈的方式，借助所有人的力量一起去让现在的系统变得更加人性化、更加好用。这是一种用户导向型的全新思维模式。过去是由厂家来直接决定我们使用的产品有什么功能，用户来适应产品；互联网时代，小米公司做出了重大的改变，更注重用户的需求、感受与反馈。这种创新理念与反馈模式，是互联网时代才独有的产品生产过程。由于张海龙经常泡在反馈论坛并成为一名小版主，懂得一些编程知识的他下定了决心，大学一毕业就加入小米操作系

◂ 小米体验店内景
▸ 小米周边

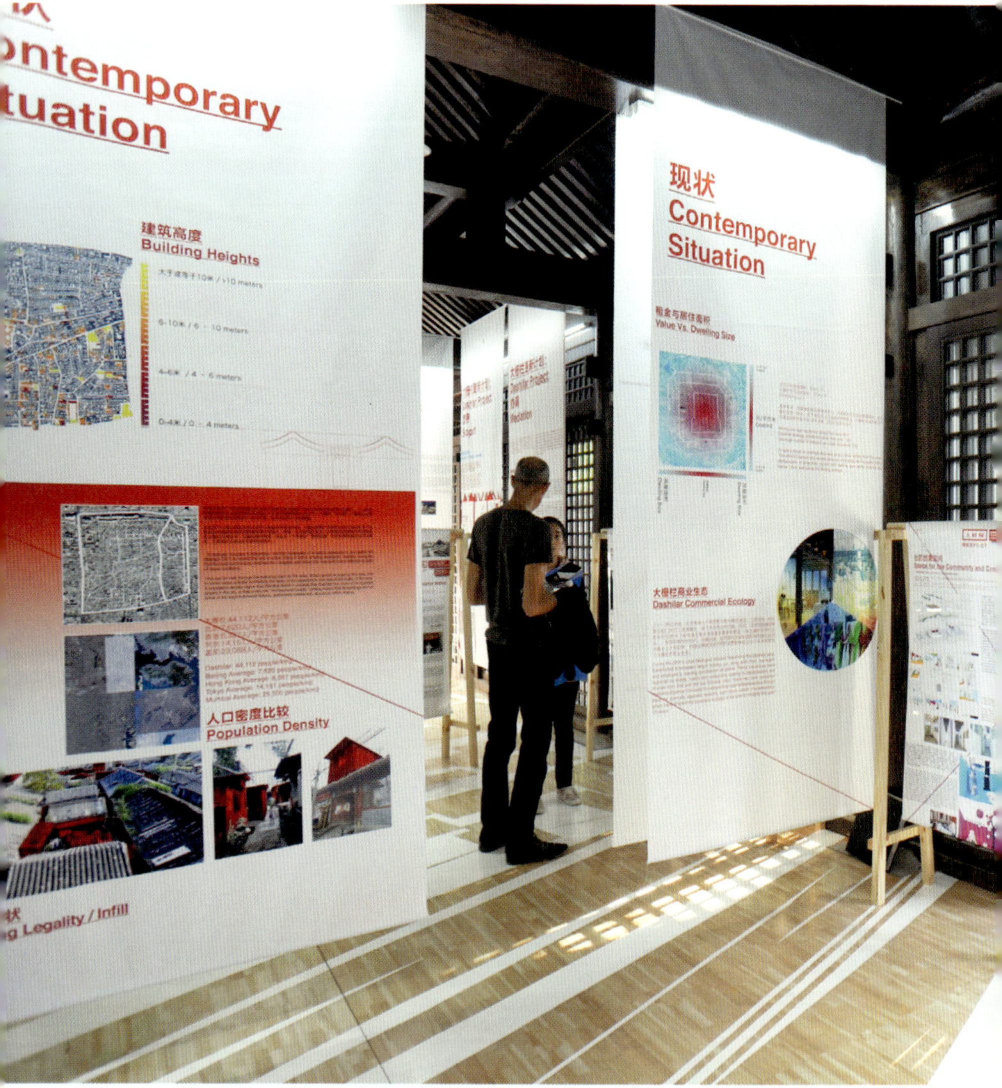
ontemporary
tuation
建筑高度
Building Heights
现状
Contemporary
Situation
租金与居住面积
Value Vs. Dwelling Size
大栅栏商业生态
Dashilar Commercial Ecology
人口密度比较
Population Density
g Legality / Infill

设计展

统的设计师团队，运用自己在学校所学的编程知识，成为一名真正的小米“开发人员”。

这是张海龙的梦想，是他加入创新团队的决心，更是他响应“双创”号召的行动。张海龙的梦想实实在在地告诉所有人：小米的品牌已经深深地扎根于广大中国年轻人的心中，也成为中国年轻人的骄傲。小米全球副总裁雨果·巴拉曾说：“小米公司致力于让全球每个人，都能享用来自中国的优质科技产品。”雨果·巴拉本是谷歌公司的部门负责人，受到小米公司的创新精神的巨大感召来到小米公司，为北京创造添砖加瓦。确实，小米震动世界的不只是它的外表与精密“内芯”，更有那令人惊叹的手机出货数量。据不完全统计，小米公司自创办以来，保持了令世界惊讶的现象级增长速度，2012年全年售出手机719万台，2013年售出手机1870万台，2014年售出手机6112万台，2015年售出手机达到了历史性的7000万台，2016年依然保持了相当强劲的发展势头，在各国手机市场饱和的情况下还是能够保持相当的水平，非常不容易。

这么庞大的销售数量除了中国大陆粉丝的支持，更有无数老外“米粉”的疯狂追捧。在巴黎留学的“米粉”林之音曾在她的微博上写下这样一个故事。有一天，林之音正要坐公交车从家去学校上课，闲来无事的她下意识地取出国内带过来的小米手机插上耳机听起了音乐。过了一会儿，一个法国男孩把头探向林同学问她：“你的手机是小米的吗？我也很想买一部，我朋友有一部小米手机，非常棒！”林之音惊呆了，就和那位法国男孩聊了起来，“想不到小米的影响力这么大！”后来，林之音把那位法国朋友也发展成了一个外国“米粉”，利用回国的机会为这位法国朋友带来最新的“中国创造”。

像小米这样的兼具创业拼搏和创新钻研的新公司，不但经受住了市场的考验，而且在这一过程中还能根据市场需求引领全球的产业风向，成为北京创造的重要典范。波士顿咨询公司（BCG）给出了一份权威报告——《2016年度全球最具创新力企业50强报告》，值得一提的是本次报告中来自中国的企业并不多，小米是排进前四十名的唯一一家中国企业。早在2014年波士顿咨询公司发布的全球最具创新力企业50强中，上榜的中国企业也有小米。这是小米公司自2010年创办以来，第二次荣登波士顿咨询公司发布的全球最具创新力企业50强。尽管其资力和规模无法和其他50强巨头相提并论，2014年小米公司在创新舞台上展露

锋芒，被波士顿咨询公司的调查对象誉为唯一一家被同时视为最具创新力企业和“后起之秀”的公司。而时隔两年之后，小米再度上榜，相比第一次上榜，此次小米显然更成熟得多。如果说第一次上榜的小米更多代表了创新的创业型公司的锋芒毕露，那么此次上榜的小米则展示出坚持技术创新的从容。

2017 年 7 月，行业预测，小米未上市估值已超 1000 亿美元，成为世界上最有价值的公司之一。

小米在创新的道路上不断前行，作为一个创业公司，小米无疑是坚强的；作为一个以科技创新立命的创新企业，小米无疑是成功的。创业的成功并没有把他们的头脑冲昏，他们依然初心不改，保持着创新的拼劲和创业的闯劲，在北京的热土上继续前进。小米的发展也是北京创造的发展，更是千千万万北京创业创新公司的未来。

◂ 小米广告
◂ 小米丰富的配件
▴ 小米的吉祥物
▸ 小米手机

滴滴的崛起：共享经济的沃土

如果有人说 21 世纪是共享经济的黄金时代，一定不会有人提出反对意见。放眼西方科技创新强国，共享经济正作为资源节约和经济共享并重的新生活方式全面铺展开来。以 Uber、Airbnb 为代表的共享经济模式正在多个垂直领域颠覆传统行业，传统的出租车、宾馆服务等行业受到来自新经济浪潮的冲击。在全球范围内诸如苹果、Google、亚马逊、PayPal 在内的高科技巨头都给这一切的实现打造了坚实的基础。卖家可以通过亚马逊、淘宝等平台售卖商品，而平台则像一块磁铁将买家从五湖四海吸引过来。具备定位功能的智能手机，加上 PayPal 等电子支付体系，可以让我们轻松地定位距离我们最近的服务提供商（诸如餐馆、影院等），移动支付则让这种体验得到进一步的完善。

早在 2015 年初，“共享经济”一词就已

- ▸ 东三环
- ▾ 首汽约车
- ▾ 滴滴打车

厦
CONRAD

经被正式收入牛津字典。根据相关报告，在未来五年内，共享经济的风口主要集中在五大行业，包括旅行、车辆共享、金融、人力资源、音乐及视频；到2025年，全球共享经济的市场价值预计将超过3350亿美元。

事实上，共享经济从来不是经济学家口中抽象的概念，而是在现实生活中在真真实实地通过创新改变着我们的生活方式。有一次，程维赴美国参加一个商业会议，当程维的美国朋友Waston“点”了一辆Uber来接他赴纽约曼哈顿的餐馆共进晚餐时，他颇为自豪地说：“这样的出行模式今后在中国也可能大行其道吧。”程维微笑着回应了一句：“在北京，其实我们五年前就有了。”说罢，程维还得意地朝他挤了挤眼睛，而Waston则是满脸的惊讶，“原来北京的发展速度这么快！”

这位程维不是一位普通的共享经济的乘客，他正是北京共享经济的领头羊——滴滴出行的创始人。

2012年夏，创始人程维在北京成立小桔

◂ 中关村e世界
▸ 拥挤的交通

科技公司并推出滴滴打车APP。每当程维回忆起当时公司成立的情景，一幕幕如在眼前："我们当时在北京做滴滴的服务，最看重的就是北京的创业环境优越，这里的创业氛围很好，也十分符合共享经济的理念。人与人之间通过移动互联网联结，创造性地利用我们的有限的资源，这就是我们在北京创立滴滴的初衷。"

和世界上所有大城市一样，北京也面临严重的交通问题。如何解决供应与需求的矛盾就成为北京的本土企业滴滴创新性切入的关键点。加入滴滴平台的共享司机得到了一定的经济回报，获得了灵活的工作和休息时间，根据地理位置匹配司机与乘客的算法大大降低了司机的空驶时间、乘客的等候时

间，而降低的车辆空跑率也大大降低了道路的拥挤程度——共享经济带来了一个双赢的局面。

如今，共享经济是中国创业和投资圈眼下最热门的话题。北京创业圈的成功典范滴滴出行带动的是整个行业的重新思考，是产业链的模式创新。

共享单车解决了连通到家门口“最后一公里”的难题，在让单车回归城市的同时，也让清洁出行、环保出行成为共识。

从滴滴开始，风投深刻而清晰地认识到了共享经济的潜力。人们越来越认可这种方式——人人都在付出，人人都在收益。在这样的大环境下，各种共享模式纷纷诞生。

有趣的是，共享经济的边际显然不止于

▲ 骑行
◀ APP 约车

出行领域，共享篮球、共享雨伞、共享充电宝……在某些看似不可能的领域，也孕育着共享经济的萌芽，一大批有胆识的创业者，勇于去创新、去尝试。这些创新企业为北京的衣食住行等社会的方方面面提供了实实在在的便利，形成了互相促进的良性循环。

共享经济作为一门新生事物，正以迅雷不及掩耳的速度冲击着我们传统的生活方式。北京的创业、创新土壤哺育了共享经济的商业模式，北京激烈的竞争和实战的市场又检验着这些商业模式。虽然发展的道路并不平坦，甚至很多共享模式在市场的检验下已经倒闭，但是，更多更经得起考验的创业型企业在资本市场的推动下，如雨后春笋般地在北京生根发芽。

第五章 Chapter 5

风投最爱的创业公司

在汉语的语境中，“风投”与“创投”几乎是可以任意换用的同义词。从这两个词的字面意义上不难看出，创业投资好像一座飞越资本鸿沟的桥梁，又好像一条输血的重要管道，把投资资金与创业公司紧密联系在一起。

Idea 的萌芽与资本狂欢

▸ 中关村街景

▾ 创业大街指示牌

近年来，新成立的创业公司数量呈现井喷式增长。2012至2015年间，创业公司在中国的辽阔版图上逐渐形成了集聚效应，三大创新创业的城市梯队有了雏形。北京、上海、深圳无疑是第一梯队的核心城市，因为这三个城市就聚集着近七成的创业公司；而在这三个城市之中，北京充分发挥了中国首都的地缘和区位优势，源源不断地接纳着四面八方涌来的创业者。

根据著名咨询服务机构毕马威发布的《2016年科技创新调研》显示，北京位列全球创新指数第三名，与东京、纽约、伦敦、硅谷等世界知名创新城市或区域并驾齐驱，大有后来者居上的趋势。

创业公司的飞速发展离不开产业背后的资本推动，离不开风险投资等众多资金的“输血”支持。

匠人·匠心
高端定制 触手可及
中关村创业大街
天使汇
iVol

投资人杨守彬，就供职于北京一家著名的风投公司。在商业圈里，杨守彬和他的同行们，总是时刻紧绷着神经，在众多创业公司中寻找下一个做强做大的潜力股。

三年前，杨守彬就在北京的创业大潮中发现了一家十分出色的创业团队——伏牛堂硕士米粉。对于三年前的洽谈过程，伏牛堂的创始人张天一还历历在目。张天一那时以为，所谓的风险投资就是高利贷，从来没想过要靠资金杠杆来扩大自己的创业生意。

创始人张天一说，团队成立之初，只是想努力提高伏牛堂米粉服务和产品质量，并没有想太多快速发展。但是北京大学硕士毕业后做传统小吃这个新闻已经借助了舆论的传播使“伏牛堂米粉”这个品牌取得了相当的影响力，这样的创业团队属于风投资本非

▼ 创业方案
▲ 创业导师墙
▶ 北京大学

常愿意接触的，因为他们的品牌有一定知名度了，项目本身资金回笼周期短，而且特色类餐饮服务业在市场上非常受欢迎，创业失败的风险较小。投资人杨守彬与张天一畅谈一下午之后，两人的预期一拍即合。具备专业眼光的投资人指点了伏牛堂的发展，资金的注入也满足了品牌发展的需求。也许在其他城市，张天一的创业梦想会在摇篮中夭折，但在北京，他的创新理念注定不会孤独。“北京是一个充满奇迹的城市，”张天一感慨道。

相关数据显示，近年来在北京新成立的创业公司中，风投主要集中在企业服务、电

子商务、文化娱乐、金融、本地生活等几个行业，其中文化娱乐行业发展得尤为迅速。热播的影视 IP、直播平台的兴起，都是市场最真实的反应。如 IDG 资本、真格基金等大的风投机构，他们的重点投资领域与上述创业公司的五大领域高度重合，也展现了风投机构对于资本流向的基本偏好和独特理解。

▼ 故宫一角

“风投”们敏锐的嗅觉

不得不说，张天一是幸运的，伏牛堂是幸运的，他们能在最需要助力去推动创业梦想前行的时候遇到了风险投资人杨守彬。在北京，和张天一、伏牛堂一样的创业者、创业项目还有很多很多。

那么，风险投资究竟喜欢什么样的创业公司呢？什么样的创业公司能够最大程度上得到这些投资人的投资呢？在北京的创业公司怎么样才能最大限度地获取资本的推力，实现创业项目的跨越式发展？我们必须理解像杨守彬和杨守彬背后的风投机构挑选伏牛堂们的机制，即风投公司如何从数量众多的创业公司中选择张天一那样的“幸运儿”。资本提供方与资本需求方的这个对接过程绝非一个简易的单向的资金流动，而是一个较为复杂的博弈过程，因为这其中不仅涉及空闲资本的利用效率和机会成本，也涉及创业

▲ 中关村街景

◀ 大数据

公司生死攸关的问题。

通常情况下，杨守彬很少有时间在办公室，工作日大部分时间在路上或在会议室里与创业公司的负责人见面。杨守彬常对下属提起他的投资理念："我们要对各种创业项目进行前期的充分调研，然后针对它们所处的阶段及其所需要的投资规模，考虑是否予以投资。"

风投大致可以分为以下几类。最早期对创业公司进行投资称为天使投资，张天一团队的伏牛堂早期融资获得的就是天使投资。这样的项目往往只有一个能够拿出手的（地道的湖南米粉）、具有广阔前景（中产白领对饮食质量的追求）、包装好的概念或想法（北大硕士创业）来进行融资，寻求资金支持。张天一创业团队的优势在于，他们的伏牛堂已经在北京开了两家分店，在网络媒体上的曝光度很高，又初具市场规模。这些都是杨守彬投资时考虑的因素。

并非所有的创业项目都像伏牛堂一样“幸运”。如今北京的创业咖啡馆里有无数的人在谈论着“创业”“互联网”“风口”，在北京拼搏的创客们从来不缺乏好的“idea”，但是没有实实在在的产品，没有数据，更没有用户量和稳定的现金流。这些项目注定较难获得风投的青睐。反观伏牛堂创业团队，

▾ 伏牛堂牛肉面
▸ 银河 SOHO

他们已然小有成绩。杨守彬这样的投资人就是张天一创业团队朝思夜想的“天使”，他们希望有机构愿意出资协助伏牛堂改善自身的经营状况，进一步扩大店面提高客流量。虽然张天一的团队还处在创业早期，但杨守彬认为他们的项目很具前瞻性、创新性，所以才愿意对他们的项目进行考察，与他们进行协商。

立足于北京本土的映客直播就获得了紫辉创投、昆仑万维等风投机构的两轮投资，总额达8000万元人民币。2005年前后，传统的秀场直播在国内出现，其原型是网络视频聊天室。2009年后，视频聊天室逐渐转变为以直播为核心的娱乐平台。近年来，中

▲ 中关村

▶ 每天都有新的产品发布会

国的影视 IP 产业逐渐走红，文化娱乐产业急速膨胀，《琅琊榜》《武神赵子龙》《诛仙》《盗墓笔记》等热门影视资源都被改编成手游，凭借游戏东风而起的各类直播平台也借势兴起。据相关统计显示，2012 年中国秀场直播的规模仅为 21.2 亿元，而 2015 年就达到了 102.4 亿元，预计 2018 年将突破 150 亿元。

正是看好映客直播的平台效应和潜在市场容量，紫辉创投大举投资映客的母公司——北京蜜莱坞网络科技有限公司。目前，昆仑万维成为蜜莱坞的第一大股东，占股 18%；紫辉创投也在排名前十的大股东之列。蜜莱坞引入的风投资本极大地缓解了映

客直播平台的资金压力，也为映客平台进一步发展奠定了坚实的物质基础。

紫辉创投 CEO 郑刚是这次交易的关键性人物。此外，郑刚还主导了紫辉创投对陌陌、锤子手机等等公众所熟知的创新创业公司的投资。郑刚很清楚，他能给予映客、陌陌、锤子的不仅仅是金钱资本，还有创业者们需要的产业背景、人脉资源等等无形“资本”。他说：“投资人首先要勤奋，其次要有独立思考能力。人性使得中国的投资人恰恰相反，一到低谷就胆小了，不敢投了。紫辉的投资节奏不会因为资本寒冬而放慢，反而会更努力地去发掘有价值的项目。”郑刚曾因投资陌陌而饱受争议，但市场的反馈和陌陌的高估值证明了郑刚最初的判断。锤子科技作为中国新创的小众手机品牌也俘获了很多粉丝，郑刚先后两次代表紫辉创投为锤子投资 2 亿元人民币，并声称如果锤子科技的估值不到 300 亿就不会退出。在郑刚眼中，陌陌、锤子、映客这些北京的新兴互联网创新企业就是最有价值的项目。为什么这些扎根北京的创新企业受到郑刚这些风投人的青睐呢？根本原因就在于，北京的创新企业在科技上有创新，在商业上有影响，他们有实力成为中国创造的中流砥柱和智力支持。

▸ 创业大街上，排队等待签名售书的年轻人

▾ 中关村创新中心

中关村创业大街—英特尔
开放创新实验室
intel

风投最爱哪种创业公司？

无论是上述的哪一种风投形式，无论是企业的哪个发展阶段，杨守彬和郑刚这样的投资人或风投机构所青睐的创业公司还是有着一些共同点。这些创业公司往往有着职业的经营团队、较强的实施和执行能力、明确的目标市场；清晰的盈利模式、稳定的客户群体等重要的因素；合理的资金使用计划、富有前瞻性和可行性的发展规划也是非常重要的一点。具体地说，这些创业公司需要具备的条件大概分为以下几大类。

第一，创业公司要想拿到风险投资的资本投入，必须有着足够强大的团队。郑刚考虑的投资对象往往是一家公司，而不是具体的某个人或者是某一项火热的小说版权。郑刚在文化娱乐的资本圈常常说道："资本宁愿投给具有二流 IP、一流团队的公司，也不会投给具有一流 IP、二流团队的公司。"因

▲ 中关村创业大街

▶ 北大孵化器

为郑刚、杨守彬等人看重的往往是企业的经营团队，技术、版权等只是在投资决策时考察的一个方面。毕竟再好的技术运作也需要真正的团队协作完成，因此，经营团队的表现就在整个过程中至关重要了。映客直播的公司团队精明强悍，创业项目的执行能力更强，所以他们的创新理念也能被最大限度地发挥其功效，从而产生较好的市场效果。拿到了热门IP的创意影视公司更需要一个强大有执行力的团队，才能保证一个热门的故事不会卖好不卖座。如果一个公司的团队没有主心骨，人心涣散，仿佛一盘散沙，再好的技术与IP也无法得到实实在在的执行和实施，那么再好的创意影视和技术团队，也必将在创业大潮中逐渐淡出市场的舞台，重回创业之路的原点。

如今资本的投入门槛也越来越高，靠着一个创新理念或者一套还没有付诸实践的商业计划就能圈到钱的时代一去不复返了。创业初期的团队也好，小微企业也好，只有先梳理出自己团队的优势，才更容易受到风投资本的支持。

人的因素常被认为是企业成功的重要因素，一个人正直、诚实永远是第一位的，如何做人反映在做事上，反映在如何经营企业上。同时，团队成员之间的互补也是企业成功的一个因素。所以，风险投资看重这样的创业团队、这样的创业公司。

第二，创业团队的核心是它的领导者，领导者的个人素质，也是风险投资在考察项目中要重点考察的因素，前任阿里巴巴CEO

马云6分钟说服投资基金软银投资2000万美金的故事，至今仍为人津津乐道。可以说，一个成功创业的公司背后离不开一个成功的创业团队，一个成功的创业团队背后站着一个极其强大的领导者。当杨守彬第一次见到张天一时就留下了深刻的印象：张天一非常精明能干，是一个非常具有独立、进取、拼搏精神的创业者。创业者要想统一思想、齐心协力，就必须要有一个坚强有力的核心领导，张天一就是他们整个创业项目的大脑和灵魂。

那什么样的团队领导才是合格的呢？

首先，这个团队领导者必须是开放和坚强的创业者。要想带领公司超越别的公司，在市场上脱颖而出，需要的就是一个“超人”般的领导者。张天一本人身体素质非常好，以前在学校常拿运动会的奖项，现在还坚持锻炼。好的身体给了张天一强健的体魄和超出常人的体力，因为创业项目初期，高强度的菜品研发工作与行政事务等无数琐事会不断涌现，只有脑力和体力达标，持续高强度、高效率的工作才能在短期内见效，张天一也才有机会带领他的米粉项目在北京的市场中突显自己。张天一坚强的意志与过硬的身体素质成了伏牛堂在风投机构眼中的加分项。

其次，这个团队领导者必须有着正确的价值观和世界观。一个个人能力出众的领导者很有可能“误入歧途”，走上一条错误的道路，不能够有效地团结整个队伍。个人的力量永远只是个人的力量，不能过度迷信纯

▲ 颇有意味的雕塑

粹个人的力量，而忽略团队的力量、资本的力量、市场的力量。

再次，风投机构更加看重具有学习能力的团队领导者。在整个创业的过程中，凡事不会一帆风顺，否则也不会被叫作“创业”。创业就意味着未知，意味着事业的前方有着一片广阔的区域而又对它知之甚少。再丰富的知识储备和人生阅历，都有可能不足以应付即将面对的困难与挫折，因而一个具有学习能力、具有上进心的领导者才能与社会发展与时俱进，才能在瞬息万变的创业大潮中取得最终的胜利。学习是最好的以不变应万变的法宝，只懂得自己专业领域的创业者一定不是最好的创业者，也不是风投公司最喜欢的创业公司领导者。最吸引风投机构的创业公司领导者一定是有着很强的学习能力，

▲ 埋头苦干的创业者

▸ 创业者的口号

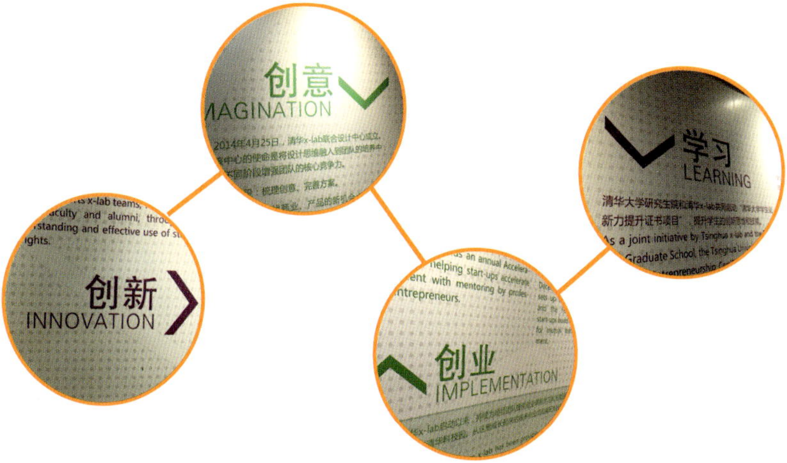

既懂得自己的专业技术，又能够学习相关的财务、法律知识，他们在整个创业的环境中才能游刃有余。

第三，风投机构更加青睐有着清晰的盈利模式和完善的商业模式的创业项目。无论杨守彬和郑刚如何热心地去帮助像映客直播这样的技术团队、帮助新创立的影视公司正常投入运作，他们不是慈善机构，也不会因为他们的项目对人类、对社会有着多么巨大的推进作用就去投资。风投机构所从事的仍然是金融行业，他们也要考虑资本回报问题。因此，一个追逐利益的机构最看重的当然是创业公司的变现能力和资金回笼速度。90%的商业计划书被投资经理大致浏览了一遍后便扔进了垃圾桶，主要原因便是这些企业没有清晰的盈利模式。还有些创业公司核心业务摇摆不定，客户群体经常变化，让投

资者根本无从判断企业的投资价值，当然也就无法获得风投机构的关注。

第四，风投机构的资金近年来投入很集中，因此，深耕于企业服务、电子商务、文化娱乐、金融、本地生活等新兴领域，且生产优质商品、提供高质量服务的创业公司更加受到风投机构的喜爱和关注。

创业公司要将产品和服务的优势体现在技术、品牌、成本等等诸多方面，而这些优势能保持多长时间也是投资方决定是否投资的重要因素之一。总部位于北京的小米公司就是优质产品服务创业公司的典型代表。小

米手机通过技术革新，小米手机的产品质优价廉，营销模式又颇具特色，取得了极大的成功。中国的这种成本优势就能帮助企业吸引到国内外的风险投资。有市场需求或有潜在市场需求的新技术、新产品，有需求，就会有顾客；有顾客，就会有市场；有市场，就有了企业生存发展的空间。

以上就是风投机构最喜欢的创业公司必须具备的四大要素：职业的经营团队、坚强的领导核心、清晰的赢利模式、优质的产品服务。北京的无数创业公司只要不断地向着这几个方向努力，就大大增加了获得风投资本的概率，而大多数扎根北京的创业公司都具备了这几点。

◂◂▾ 清华 X-lab

北京ING

第六章 Chapter 6

老外眼中的北京创新

他们不是中国人，但也选择了在这个时代来中国创业。国籍、语言、风俗等差异没有阻碍他们创业的脚步，反而让他们的创业更显特色。他们不愿被称作“老外”，更愿意被称作“创客”。

创客，这两年火起来的一个词。从北京的中关村创业大街到成都、深圳、杭州、贵阳，创业的风气已风靡中国。这其中有一批特殊的创客。他们不是中国人，但也选择了在这个时代来中国创业。国籍、语言、风俗等差异没有阻碍他们创业的脚步，反而让他们的创业更显特色。他们不愿被称作“老外”，更愿意被称作“创客”。

与“创客”类似，另一个时髦词汇“北漂”也有了新的内涵。从前，“北漂”是生活在北京却又居无定所的“漂流”一族。他们也许没有北京户口，没有固定的居所，但是他们为了梦想、为了生计，在繁华的城市里终日奔波。如果说从前的“北漂”还是外地人的代指，那么今天这个词的含义显然大大扩张，越来越多的外国人也成了“北漂”。

当人们感慨《北京人在纽约》中的同胞在异国他乡的挣扎与奋斗时，历史却不经意间将现实反转——纽约人在北京、巴黎人在北京、悉尼人在北京、东京人在北京不再是新闻中的故事，而是成为真真正正的现实。北京已经从最初的区域性中心城市成长为世界一流的国际大都市，如今每年都有成千上万的外国年轻人在北京白手起家，撒下创业的种子，挥洒奋斗的汗水。北京不仅仅是北京人的北京，也是中国人的北京，更是全世界的北京。这些远渡重洋的年轻人们被北京的节奏和热情所感染，被北京的创新和变化所激励，被北京的开放与包容所震撼。于是，他们决心在这片蓬勃的土地上实现创业梦想——“只把他乡作故乡”。

与外国的创业者不同，外国的资本总是先知先觉。与北京人怀着对故土的眷恋和温情投资不同，外资在北京的投资就像进行着一场冒险，像蜜蜂循着从未闻过的花香来到异域采蜜一样，花越香，蜂蜜就越甜；风险越大，回报就越大。经过几十年的沉淀，外国的资本、外国的企业家也更加认同北京的文化和创业环境。

◂ 太库

◂ 黑马学院

金融危机之后，在全球经济复苏缓慢的大背景下，中国不但保持了国民经济的稳定与发展，而且决心促进产业升级换代，关停淘汰落后产能，鼓励新兴行业的发展壮大，经济结构的调整与转型势在必行。从“中国制造”到“中国创造”，一路走来，“互联网 +”“大众创新、万众创业”等热词成为北京街头巷尾的美谈，创新已经成为北京人民的共识与期待。创新产业集聚的中关村则是这顶创新皇冠上的闪亮明珠，不再是坊间戏称的“北方 3C 电子产品集散地”。毫无疑问，创新已化身北京这座城市的名片，而将北京定位为未来世界的创新中心无疑是明智之举。

▸ 醒目的网站广告

▾ 城市夜景

来者都是客，北京是我家

在外国人眼中，北京的生活从不单调乏味，北京的城市面貌日新月异。来华多年的英国人江森海每每看到拔地而起的摩天大厦和余晖中安详的四合院总是忍不住感慨北京的变化之大。这座城市仿佛有着一股诱人的魔力，吸引着全世界五湖四海的朋友们来瞻仰古老的历史；同时它又有着现代与古典的巨大张力，在这里既有最具文化底蕴的建筑风物，又有最时尚潮流的社会群落。

北京朝阳区的三里屯在老外群体中可谓无人不知无人不晓。这里是全北京最繁华的酒吧一条街，也是外国人喜欢扎堆度过夜生活的地方，热闹非凡。这一片区域汇聚了各种国际商店、各式口味的外国餐馆，足以慰藉那些在异国他乡打拼的外国人的胃口与心灵。货架上的商品琳琅满目，它们来自世界各地，就连慕名前来购买的“老外”顾客们

都会眼花缭乱。简而言之，在北京，一个外国人完全可以按照他们本国的生活方式生活下去。三里屯的开放与国际化氛围吸引着来自世界各地的外国人纷纷前往，因为在这里他们体会到了家的感觉。

与整天凑在三里屯的老外们不同的是，另一帮老外却在胡同口、社区里发现了融入中国生活的乐趣。在他们看来，北京最值得流连忘返的恰恰不是与自己国家文化相同

▲ 三里屯 SOHO

▼ 北京三里屯繁华的街景

相近的那一部分，而是街头巷尾胡同内外满满的生活情调，是左邻右舍大爷大妈的亲切关心，是红墙金瓦故宫北海的古典气韵。现在，除了传统的望京、五道口等外国人的聚集地之外，更多的外国创业者更愿意待在什刹海的咖啡厅，走进丽泽桥畔的写字楼，融入这座古城的每一个角落。他们认为，唯有融入北京普通市民的生活中，才算真正地融入了北京，融入了中国文化。

生活方式、生活品质固然重要，工作也一样是人生的重心——生活与工作，一个都不能少。北京始终张开臂膀欢迎那些为了理想、为了目标奋斗着的“洋北漂”，无论他们以何种方式在北京学习、生活、工作，总能找到一种最合适自己的人生。下班后他们

在熟悉的酒吧约上三五好友畅聊许久，享受着不多的闲暇时光；上班时他们和其他人一样从北京城的各个角落，经历着超长时间的通勤，为着梦想而打拼。越来越多的外国人已经不再满足于朝九晚五、找一份安稳的工作，反而积极响应着李克强总理“大众创新、万众创业”的号召，越来越多地投入到创新产业的前沿阵地。

每当提起在北京创业的外国人，英国人江森海是个不折不扣的传奇人物。1993 年，一次跨国旅行让他爱上了北京这座被他称为很“男人”的城市。2003 年，他搬入了南锣鼓巷，胡同的生活激起了他创作的灵感，之

▲ 学艺
◂ 学厨

后他卖起了自己设计的“创可贴 8”品牌 T 恤。本来他的门牌写的店名叫创可贴，后来因为门牌号 8 与汉字紧紧相连，往来的顾客越念越顺，江森海索性用了这个颇具新意的名字——“创可贴 8”。

创可贴 8 的 T 恤创立理念是撷取中国意象放在 T 恤上来创立一个服装品牌，这个创意标志着一个真正的中国街头品牌诞生，也使他在“2008 年度英国商业大奖”上获得了“年度企业家奖”。对此，他一直很谦

虚。“我不敢说我的T恤就能代表北京，但它代表了一个外国人看待中国的眼光，我相信它和中国人的观点是不一样的。”江森海说，很多东西中国人已经熟悉到了“陌生”，像样板戏、年画、痰盂、门牌号、地铁票、办证电话号码等，但在老外眼中，这些都是有趣的，很复古、很新鲜。凭借他的创意理念，江森海完成了品牌创立、产品推广等等。如今来华的外国人都愿意去南锣鼓巷买两件创可贴8的T恤带回家，因为在他们看来，这里的衣服更加中国。

◀▼ 创可贴8

后顾无忧，创业不难

对于外国人来说，“创业”“创新”这些词不仅仅是见诸报端、电视、互联网的等众多媒体平台的词汇，更有可能成为他们生活中每天要面临的问题与困难。一个创业公司要想生存、发展、壮大，总归离不开人才引进、政府资助、银行贷款、税收政策、投融资等诸多层面的问题。也许，这些方面在过去确实曾是北京创业的重大瓶颈，但是随着北京不断贯彻落实“大众创新、万众创业”的政策，昔日诸多问题得到了切实有效的解决，不利条件成为利好条件。北京的创业环境越来越好，凭借首都对全国市场的强大辐射影响力，创业机遇不断涌现。

一、人才引进

来华工作的外国人一般可分为两类，第

一类是受聘于跨国公司、国际组织或者政府机构，完全无须担心签证等在华居留所需的合法性身份，一般情况下雇佣方或者派遣方就会统一处理签证、税费、保险等问题。这一类外国人是最为幸运的，也是保障程度最高的。北京对外国人的政策性变化通常较难影响到这类人群。第二类，他们并非受聘于外国雇主，而是在一些“个体户”或在小公司上班，总体来说生活和工作没有第一类外国人那么国际化，“签证”“居留”这些问题始终是他们的“心头大患”。

这其中，绝大部分人是热爱中国的艺术家、创业者和自由职业者。此前，他们想要另辟蹊径留下来却困难重重，但他们是全球化思维与创新人才的重要来源。北京一直

◂ 远眺

▾ 北汽集团

非常重视这一问题，因为人才引进对于吸引外籍华人回国创业、服务外籍青年学生创业等，都具有重要意义。

在北京市政府积极组织开展调研的基础上，公安部推出支持北京创新、创业发展的二十项出入境政策措施，涉及外国人签证、入境出境、停留居留等方面。其中，十项政策措施系根据北京创新发展定位、特点和实际需求量身订制。有了这些政策，具有博士研究生以上学历或在中关村长期创业的外籍华人，可以根据积分申请永久居留，境外高校的外国学生被允许在中关村短期实习，在京高校外国留学生也能够在中关村进行兼职创业。这是北京在政策上落实人才强国战略、促进创新驱动发展、深化出入境改革的

▸ 人才培养

▾ 中关村宣传语

一项重要举措，更是一种支持北京的创业公司人才引进，推进科技创新中心建设的实质性便利。

二、政府资助

政府对于创业团队的资助与扶持至关重要。如果没有北京市政府提供的首都科技创新券，也就没有黄致远博士团队的顺利运行。

黄致远博士是美籍华人，毕业于斯坦福大学生物医学专业。他惊讶于中国老龄化的发展速度和中国养老产业的巨大市场空间，几年前来到北京，带领自己的创业团队从事生物医学前沿技术的临床转化。但是苦于运营成本居高不下和产品收益尚未达到预期收益，黄致远创业团队一度陷入了收支不平衡的危险边缘。

2014年，为了降低小微企业的科研投入成本，激发创业团队的科技创新活力，北京市政府决定实施首都科技创新券制度，小微企业及创业团队可凭创新券，及时向高等学校、科研院所购买科研成果。这对黄致远博士是个巨大的利好消息。凭借现有的科研基地和创业公司的双重资质，黄博士很快申请到了政府补贴的创新券，方便其与世界五百强企业、全球一百强大学、全球一百强研究机构开展实质性合作，联合进行新技术和新产品的研发和引进。

创新券专项资金来源于北京市政府专项资金保障，并且采用网络认证的模式，每年可分数次申请领取，每张创新券面额为人民币五千元，最多可以使用四十张。对于首次

▲ 科技创新券

◀ 小微企业贷款

申请创新券的小微企业和创业团队，可获取并直接使用最高不超过五万元的创新券，并对申请单位在国际研发合作中发生的费用，给予不超过五十万元的资金支持。

三、投资融资

在中国当前的商业运作中，由于初期创业成果还未显现，吸引天使投资人较难，而上市发行公开募股的门槛又是如此之高，创业团队难以获得成本更为低廉的股权、债权融资，银行贷款仍然是创业团队最直接也是最原始的融资方式。

科技金融的创新，某种程度上改变了创业公司的被动局面。

2016 年，北京银行设立中国银行业首家

“创客中心”，探索投贷联动新模式，率先设立科技型中小企业特色分支机构、专门针对北京市的创业公司聚集区域——中关村国家自主创新示范区金融服务设立分行级特色机构，推出了小微企业借贷款审批快捷通道，开发了批量化“信贷工厂”模式。此外，北京银行还为八千余家科技创新类小企业发放贷款超过一千亿元，支持了北京市百分之六十的创业板上市企业，培育了一大批创业公司成长为行业的领头羊。试点银行对于创新、创业公司的企业投贷联动是一项非常重要的金融创新，对于创业初期的小微企业扩大生产线、提高产品质量、进一步拓展市场很有帮助。

除此以外，国家开发银行在北京的分支机构中专门设置了科技金融处，并密集出台了众多科技金融政策文件。深圳证券交易

◂ 城市

北京·益彩

所、北京市金融局、中关村管委会、海淀区政府、中关村股权交易服务集团，共同举办中关村创新创业公司上市培育基地启用仪式。一个聚集三千两百多家天使投资、风投、私募基金、上市公司等投资机构的八千余位专业投资人、服务科技型中小企业的展示平台和高效投融资对接平台浮出水面，让企业、创投、银行等机构实现经济高效的投融资对接，推动创新、创业公司尽早得到资本市场的支持，迅速成长壮大。

◂ 北京三里屯

▾ 创业大街

一个老外对北京变化的思考

▲ 夜色

▸ 创客大会

北京作为中国的伟大首都，毫无疑问，其科技创新水平在中国独领风骚，即便如此，北京也从未停止创新的脚步，因为科技创新是一场声势浩大，并且异常艰险的“长征路”。但惟其艰难，方显勇毅；惟其磨砺，使得玉成，北京从来都有信心，有耐心，也有恒心取得这场攻坚战的胜利。

费大卫是一位出身米兰艺术世家的年轻设计师。每当谈起他在“798 艺术区”的工作室和中关村的创意公司，费大卫就打开了话匣子，滔滔不绝地用他流利的汉语讲述着他这些年创业的酸甜苦辣。他在意大利读大学时，本来倾心的是艺术与设计专业，但迫于父亲的压力选择了知识产权法。在学习的第三年，费大卫有机会来到清华大学交流，第一次踏上了中国的土地。他常常说，他是马可·波罗的后裔，顺着祖先的指引在亚欧大陆勾勒出一条美妙的弧线。原本打算在清华大学查找相关资料完成学位论文，只在北京作短暂停留的他却完全爱上了北京，爱上了中国，爱上了这一片深厚的土地。

大学毕业后，费大卫即刻返回北京。这天，他又在三里屯的酒吧里和一位法国设计师朋友保罗聚会。席间费大卫和保罗你一言我一语，两人合开一家创意文化衫小公司的念头就此萌生。一个是深爱中国传统文化、时尚前卫的设计师保罗，一个是深受西方艺术熏陶、又懂得知识产权保护的大卫，两人一拍即合，要在北京闯出自己的一番天地。

798 的北京文化衫创意设计工作室里，

极客公园
GEEKPARK
体验入口

▲ 751 园区
◀ 极客公园

已在设计圈内小有名气的费大卫接待着来访的客人，总是闲不下来。他喝一口杯中的咖啡，笑得合不拢嘴。他的生意现在做到了全国各大城市，“越来越多的年轻人追求个性、追求时尚、追求创新，他们首先要在衣着上改变自己”。来自浙江、广东等地的厂家更是有人愿意花大价钱直接买断费大卫的设计版权，因为他的限量款在市场上实在太难买到了。

然而，就在几年以前，他的工作室还门可罗雀，他一度怀疑自己是不是在错误的时间、错误的地点进入了创意产业的大门。当

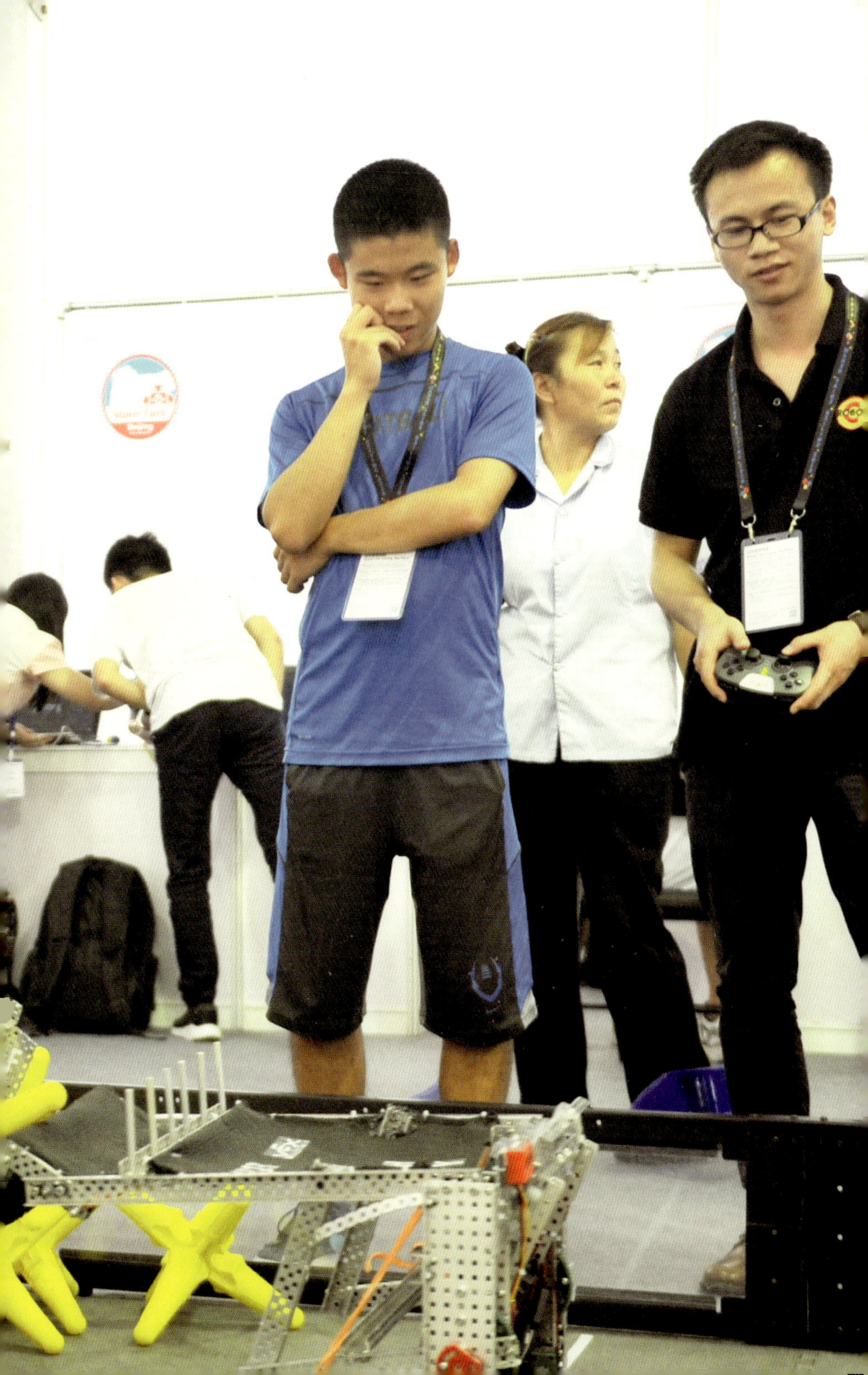

时的窘迫生活让费大卫至今记忆犹新。但是，今天北京创业、创新环境的巨大变化让他打消了离开北京这个念头。北京更加宽容，更加开放，这座城市以实际行动欢迎一切创新、时尚的想法和理念，客户们更在银行账户的数字上表示了实际支持。工作签证的便利、投融资的渠道增加、银行更加友善的贷款政策都让创业公司、创新产业如虎添翼。

许多外国年轻人在北京这片创业沃土上，也有自己的创业梦想，他们认同，中国梦绝不仅仅是中国人的梦，也是他们每个人的梦想，正可谓“同一个世界同一个梦”。费大卫和保罗只是这群有着中国梦的“北漂”外

▼ ▲ 798 园区

国人的缩影。他们感受着北京天翻地覆的日新月异，感受着中国经济腾飞的有力脉搏，感觉着中国文化传统的博大精深。连大卫和保罗两个老外也受了这个创新时代的感召，加入浩浩荡荡的创业大军，战斗在创新产业的第一线。

费大卫们见证的，是一个创新的北京、一个拼搏的北京、一个伟大的北京，他不禁感慨道："如果再选一次，我还是会来北京创业，做'北漂'，为北京创造贡献自己的力量！"

创造·北京

一个充满创新基因的城市

图书在版编目（CIP）数据

创造·北京 / (印) 苏德什娜·萨尔卡尔，秦浩著；
李南，吕岩，彭明珠译. -- 北京：外文出版社，2018.5
ISBN 978-7-119-11509-2
Ⅰ.①创… Ⅱ.①苏… ②秦… ③李… ④吕… ⑤彭…
Ⅲ.①创业—研究—北京 Ⅳ.① F279.271
中国版本图书馆 CIP 数据核字（2018）第 123360 号

总 策 划：徐和建
项目统筹：纪东来 谢 豫 林 洁
出版指导：解 琛
图片提供：邱 彬 黄 莉 魏 尧 王 猛 刘 聪 视觉中国等
责任编辑：李 黎
翻　　译：李 南 吕 岩 彭明珠
英文审定：梁良兴
装帧设计：杰瑞设计
印刷监制：冯 浩

创造·北京

苏德什娜·萨尔卡尔 秦 浩 著

出 版 人： 徐 步
出版发行： 外文出版社有限责任公司
地　　址： 中国北京西城区百万庄大街 24 号
邮政编码： 100037
网　　址： http://www.flp.com.cn
电　　话： 008610-68320579（总编室）
008610-68995962（编辑部）
008610-68995852（发行部）
008610-68327750（版权部）
印　　刷： 鸿博昊天科技有限公司
开　　本： 787mm × 1092mm 1/32
印　　张： 5
版　　次： 2019 年 3 月第 1 版第 1 次印刷
书　　号： ISBN 978-7-119-11509-2
定　　价： 58.00 元
